Bredow/Cramer
BAUTEN IN DARMSTADT   Architekturführer

Jürgen Bredow   Johannes Cramer

Bauten in Darmstadt
Architekturführer

Unter Mitarbeit von Helmut Lerch
mit einem Beitrag
von Mohamed Scharabi

Eduard Roether Verlag 1979

Alle Rechte vorbehalten
© 1979 Eduard Roether Verlag, Darmstadt
ISBN 3-7929-0106-4
Lithos: Haußmann Reprotechnik
Herstellung: Roetherdruck

Hinweise zur Benutzung

In diesem Architekturführer sind 128 Beispiele der Baugeschichte Darmstadts aus der Zeit vor 1800 bis 1980 dargestellt. Die Objekte sind auf das Stadtgebiet begrenzt, sie sind chronologisch geordnet. Eine Ordnung nach Sachgebieten ist im Anhang zu finden, ebenso das Architektenverzeichnis, der Fotonachweis und Literaturhinweise. Wo es möglich ist, werden die Bauten im Zusammenhang mit dem Stadtviertel, dem Ensemble des Wohnquartieres aufgezeigt. Alle Angaben der Register beziehen sich auf Seitenzahlen. Die Bauten und Projekte sind zusätzlich durch Objektziffern gekennzeichnet, die mit dem beigefügten Stadtplan das Auffinden erleichtern.

Inhalt

Zum Thema	6
Vorwort	7
Bauten bis 1800	8
Bauten des Klassizismus	22
Bauten der Gründerzeit	30
Bauten des Jugendstils	43
Bauten der Zwanziger und Dreißiger Jahre	69
Darmstädter Meisterbauten	78
Bauten ab 1950	86
Verzeichnis der Objekte	122
Verzeichnis der Architekten	124
Literaturhinweise	126

Zum Thema

Die Darstellung der Architektur einer größeren Stadt in einem Architekturführer setzt stets eine Auswahl voraus, die notwendigerweise subjektiv und unvollständig sein muß. Es war unser Bestreben, bei dieser Auswahl die oft kaum wahrgenommene Vielfalt der Darmstädter Architektur vor und nach dem Zweiten Weltkrieg aufzuzeigen und zu dokumentieren. Aus diesem Grunde beschränkt sich die Liste der behandelten Bauten und Projekte auch nicht auf die Objekte, die üblicherweise in Denkmalbüchern oder Kunstführern aufgeführt sind. Vielmehr haben Bauten, die unter baugeschichtlichen Gesichtspunkten möglicherweise eine untergeordnete Rolle spielen, dann ihren Platz erhalten, wenn sie für die Architekturentwicklung von Darmstadt von Bedeutung waren. Aus dem gleichen Grunde ist auch den städtebaulichen Planungen und Realisationen breiter Raum gewidmet, in Kenntnis dieser Zusammenhänge werden Einzelbauten oft erst verständlich.
Bei der Darstellung der einzelnen Projekte wurde angestrebt, jeden Bau durch Ansicht, Grundriß und eine weitere Information anschaulich zu machen. Um die Vorstellungen der Architekten möglichst unverfälscht zu zeigen, wurden Originalpläne verwendet, soweit sie greifbar waren. Bei Gebäuden, deren Erscheinungsbild im Laufe der Zeit geändert wurde, haben wir weitgehend auf den heute sichtbaren Zustand zugunsten einer historischen Fotografie verzichtet.
Das Zustandekommen eines Architekturführers ist ohne Hilfe und Informationen vieler kaum denkbar. Wir danken allen, die uns Unterlagen ihrer Bauten zur Verfügung gestellt haben.

Jürgen Bredow
Johannes Cramer

Vorwort

Im September 1944 wurde der Kern unserer Stadt durch Fliegerbomben zu 70% zerstört; mehr als 12000 Menschen verloren ihr Leben, 70000 wurden obdachlos.
Der Neubau der Stadt ist eine kaum zu überschätzende Leistung einer aus Einheimischen, Vertriebenen und Flüchtlingen zusammengewachsenen Bürgerschaft und ihrer demokratischen Selbstverwaltungsorgane; sie kommt einer Stadtgründung gleich.
Es mußte in jenen jüngsten Jahrzehnten der Stadtgeschichte viel für viele Bedürfnisse gebaut werden. Der karge Stil der Notwendigkeit herrscht da zwangsläufig vor.
Um so wichtiger war es für das Selbstbewußtsein einer städtischen Bürgerschaft, daß die bedeutendsten überkommenen Bauten, in denen sich der unverwechselbare Stadtcharakter zeigt, aus Trümmern und Beschädigungen — oft mit hohen Kosten — geschichtsgetreu neu erstanden sind. Sie sind Denkmäler unserer Tradition vom Barock bis zum Jugendstil.
Bleiben uns Frieden und Freiheit, werden nach einer Epoche des vornehmlich zweckrationalen Bauens jüngere Generationen eine neue Phantasie entfalten können, um dem mit Liebe restaurierten historischen Bestande würdige und schöne Bauten hinzuzufügen, die anspruchsvollem Bürgerstolz und weltoffener Heimatliebe genügen.

Heinz Winfried Sabais
Oberbürgermeister

Bauten bis 1800

Stadtplan von J. M. Weiß 1799
oben: Luftbild der Altstadt um 1933

Rechte Seite
links: Stadtmauer vor 1945
rechts: Weißer Turm um 1902

1 Weißer Turm
2 Erhaltene Abschnitte der Stadtmauer

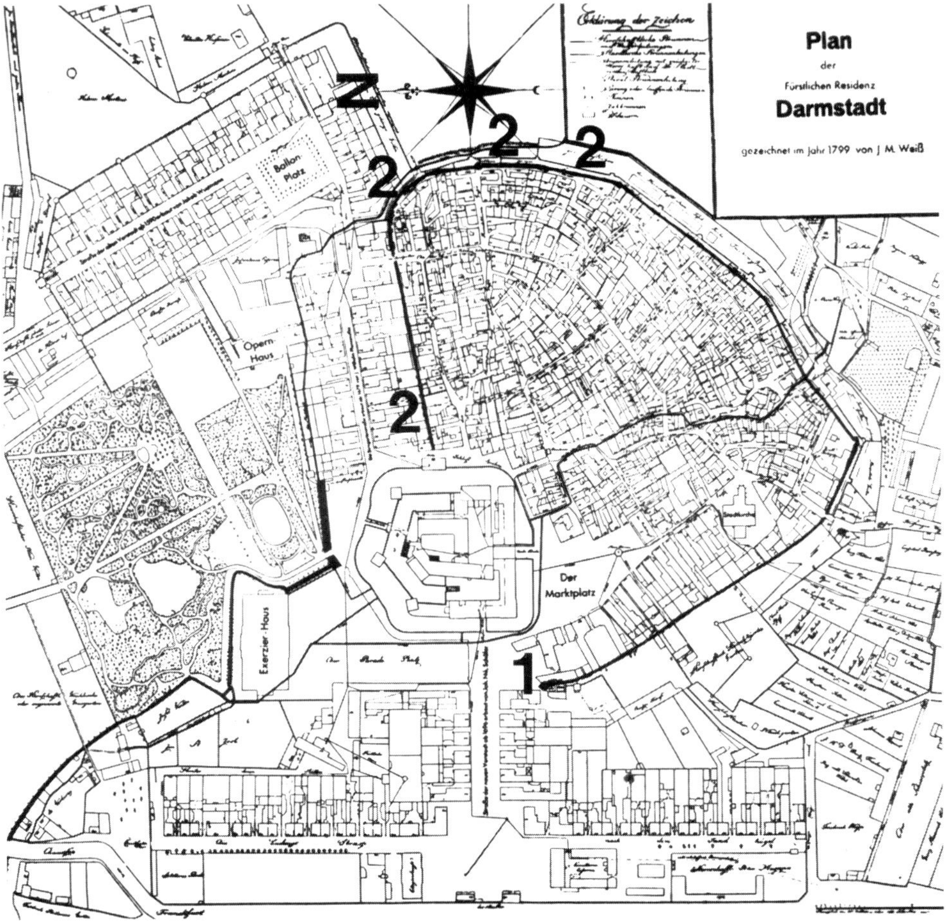

Im Jahr 1330 erhielten die Grafen von Katzenelnbogen von Kaiser Ludwig von Bayern für Darmstadt das Stadtrecht und das Marktrecht. Die Siedlung ist jedoch schon seit dem 11. Jh. (erstmals erwähnt unter der Bezeichnung „Darmundestat") belegt. Sie lagerte sich an eine Wasserburg — das spätere Residenzschloß — an. Zwischen der Wasserburg und der bürgerlichen Siedlung lag der Markt, der in seiner heutigen Grundrißform im 16. Jh. entstand.

Die Stadt war bis in das 16. Jh. hinein von untergeordneter Bedeutung. Erst mit der Teilung Hessens in mehrere Teil-Landgrafschaften unter Philipp dem Großmütigen im Jahr 1567 und der Erhebung zur Residenz von Hessen-Darmstadt gewann Darmstadt an Bedeutung, die sich vor allem in einer regen Bautätigkeit des Hofes bemerkbar machte.

So wurde die Altstadt des 15. Jhs. bereits im späten 16. Jh. nach Osten und in der Mitte des 18. Jhs. im Zusammenhang mit den Hugenotteneinwanderungen noch einmal in westlicher Richtung erweitert. Beide Erweiterungen lassen sich im Stadtgrundriß deutlich ablesen.

Bis zu den großen Zerstörungen des Zweiten Weltkriegs war das organisch gewachsene und dicht überbaute Stadtbild noch gut erhalten.

Die Ummauerung des ältesten Stadtkerns erfolgte seit dem späten 14. Jh. Von dieser

Befestigung sind heute nur noch wenige Abschnitte erhalten. Neben Teilen im Osten und Norden der Altstadt ist vor allem der „Weiße Turm", der frühere Abschluß der Stadtmauer im Nordwesten der Stadt, zu erwähnen. Der Turm stammt in seiner wesentlichen Bausubstanz aus dem 15. Jh. und wurde später mit einem barocken Turmhelm versehen.

Residenzschloß

oben: Ansicht von Norden um 1900
unten links: Phasenplan
unten rechts: Erdgeschoßgrundriß,
Stand 1867

Rechte Seite
links: Glockenbau
rechts oben: Ansicht von Süden
rechts unten: Schloßmodell von
Georg C. Weimar, 1724

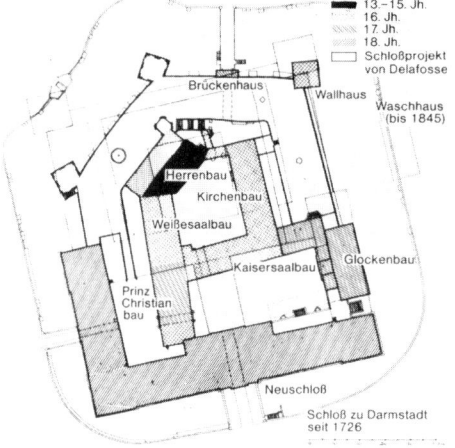

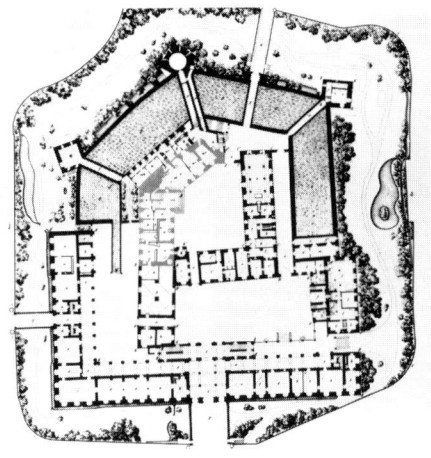

Die Ursprünge des Schlosses reichen vermutlich bis in fränkische Zeit zurück. Erste Bauten werden im 14. Jh. faßbar. Die Grundzüge der alten Wasserburg der Grafen von Katzenelnbogen mit umlaufendem Graben, der erst 1814 trockengelegt wurde, sind vor allem im nördlichen Bereich gut ablesbar. Mit dem Herrenbau ist noch ein Teil der alten Wasserburg aus der Zeit vor 1500 erhalten. Auch die drei Bastionen auf den gefährdeten Punkten der fünfeckigen Anlage gehören noch zum ältesten Bestand. Alle anderen Bauten der mittelalterlichen Burg wurden im Zuge von Umbauten des 16. – 18. Jhs. abgebrochen (zuletzt der Bergfried 1699) und ersetzt.
1546 wurde die Burg während der Schmalkaldischen Kriege fast vollständig zerstört und seit 1557 langsam wiederaufgebaut.

Nach der Erhebung von Darmstadt zur Residenz der Linie Hessen-Darmstadt im Jahr 1567 übertrug Landgraf Georg I. dem Kasseler Architekten Jakob Müller Aufbau und Ausbau der Residenz. In rascher Folge entstanden zahlreiche Bauten, die im nördlichen Hof teilweise noch erhalten sind.
Auch im 17. Jh. ging der Ausbau der Residenz weiter. Am bemerkenswertesten ist der Glockenbau von J. W. Pfannmüller aus den Jahren 1663–1671.
Im Jahre 1715 wurden große Teile des Schlosses durch einen Brand vollkommen zerstört. Da auch aus der Zeit der Pfälzischen Erbfolgekriege noch Schäden vorhanden waren, wurde der seit 1714 in Darmstadt tätige Hofarchitekt Louis Rémy de la Fosse mit Neubauplänen beauftragt. De la Fosse schlug die vollständige Beseitigung des Altschlosses vor. Die barocke Neuplanung sollte aus drei Höfen bestehen, die von einem Uhrturm überragt wurden. Die Realisierung dieser Planung wurde seit 1716 in Angriff genommen. Ihre Durchführung scheiterte jedoch wegen Geldmangel. Es wurde lediglich die Südfront zum Markt und ein Teil der Westfront – die für die Stadt wirkungsvollsten Teile – vollendet. Die Baunähte, die die weitere Planung andeuten, sind an beiden Flügeln noch zu erkennen.

 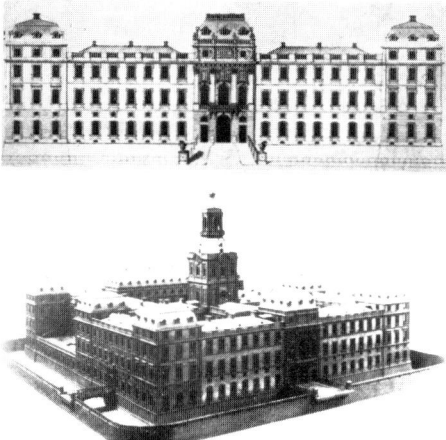

Im Zweiten Weltkrieg wurde das Schloß fast vollständig zerstört und bis 1963 wiederaufgebaut. Heute sind hier neben Teilen der Technischen Hochschule das Staatsarchiv und die Hessische Landes- und Hochschulbibliothek untergebracht.

4

Evangelische Stadtkirche
(ehem. St. Maria)
älteste Teile aus dem 13. Jh.

oben: Ansicht von Osten vor 1945
unten links: Erdgeschoßgrundriß vor 1945
unten rechts: Schnitt vor 1945

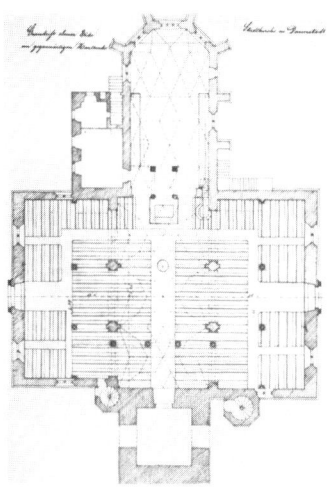

Der heutige Bau geht auf eine Marienkapelle zurück, die bald nach der Stadtrechtsverleihung 1369 zur Pfarrkirche erhoben wurde. Von diesem Bau hat sich jedoch nur der Unterbau des Turmes erhalten. Das Langhaus entstand in der Spätgotik und wurde im 17. und 19. Jh. mehrfach umgebaut. Der Chor entstand wohl in der ersten Hälfte des 15. Jhs. Er ist wegen seines reichen Netzgewölbes bemerkenswert und blieb — im Gegensatz zum Langhaus und dem Turmhelm — im Krieg unzerstört.
Das Langhaus wurde 1952–53 von Karl Gruber mit Flachdecke wiederaufgebaut, ebenso erhielt der Turm 1953 seinen heutigen Aufbau.

Ehemaliges Rathaus
Marktplatz 8
Baujahr: 1588–1590
Architekt: Jakob Wustmann

oben: Ansicht von Norden
unten links: Grundrisse, Stand 1880
unten rechts: Zeichnung des 19. Jhs.

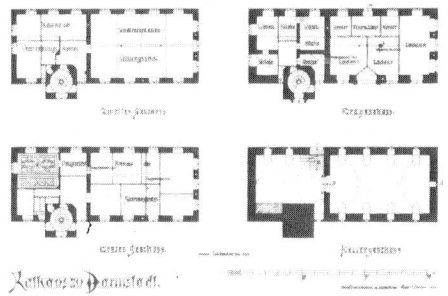

Mit der Erhebung zur Residenz änderten sich auch die Ansprüche an die bürgerliche Repräsentationsarchitektur. Nachdem auf Drängen des Landgrafen der sehr viel kleinere Marktplatz in seine heutige Form gebracht worden war, mußte auch das ältere Rathaus ersetzt werden. Der Neubau wurde seit 1588 auf den Parzellen von zwei Bürgerhäusern, die in den Kellern noch ablesbar sind, errichtet.
Bis zur weitgehenden Kriegszerstörung erfolgten mehrere Umbauten, zuletzt 1927 durch A. Buxbaum.
Der Bau wurde nach Bauaufnahmen des 19. Jhs. originalgetreu wiederaufgebaut und beherbergt heute das Standesamt und den Ratskeller.

Jagdschloß Kranichstein
Baujahr: 1571–1579
Architekt: Jakob Kesselhut

oben: Innenhof
unten links: Gesamtanlage (18. Jh.)
unten rechts: Ansicht von Osten

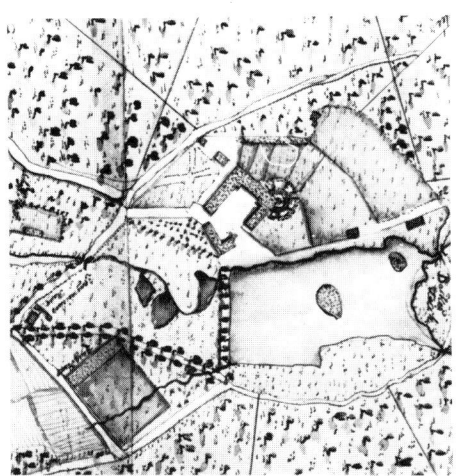

Das Jagdschloß wurde zusammen mit weitläufigen Wirtschaftsgebäuden, einer Fasanerie sowie einem Hirschgarten und einem Fischteich durch Landgraf Georg I. angelegt. Es gilt als eine der ersten Hufeisenanlagen in Deutschland.
Die Anlage gehörte mit anderen Gebäuden zu einer Vielzahl von Jagdhäusern in der Umgebung von Darmstadt, die sich die Landgrafen nach Verlegung der Residenz nach Darmstadt im Laufe der Zeit errichten ließen. Die wenig veränderte Anlage beherbergt heute neben einer Gaststätte und einem Hotel ein Jagdmuseum.

Alte Vorstadt
Alexanderstraße und Magdalenenstraße
erbaut seit 1593
Architekten: Jakob Wustmann
　　　　　　 Martin Kersten
　　　　　　 Seyfried Pfannmüller

oben: Magdalenenstraße von Norden
vor 1945
unten links: Grundrisse und Ansichten
der Typenhäuser
unten rechts: Der Ballonplatz 1747

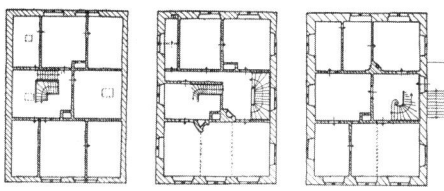

Mit der Errichtung der Residenz in Darmstadt mußte auch ein umfangreicher Verwaltungsapparat aufgebaut werden. Zur Unterbringung der höfischen Beamten ließ Georg I. seit 1593 entlang der Straßen nach Dieburg und Arheilgen Wohnhäuser errichten. Die Häuser in der Alexanderstraße um den heute verschwundenen Ballonplatz wurden zuerst gebaut und befestigt. Später folgte die ebenfalls ummauerte Bebauung der Magdalenenstraße.
Ein großer Teil des früher geschlossenen Ensembles fiel Erweiterungsbauten der benachbarten Hochschule oder dem Zweiten Weltkrieg zum Opfer.

Prinz-Georg-Palais
Schloßgartenstraße
Baujahr: um 1710
Architekt: Louis Rémy de la Fosse (?)

oben: Ansicht von Süden
unten links: Plan der Gartenanlage
unten rechts: Prettlacksches Haus

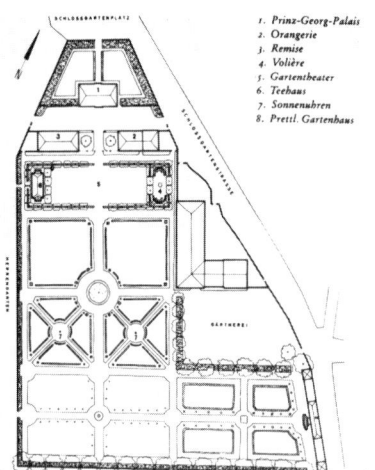

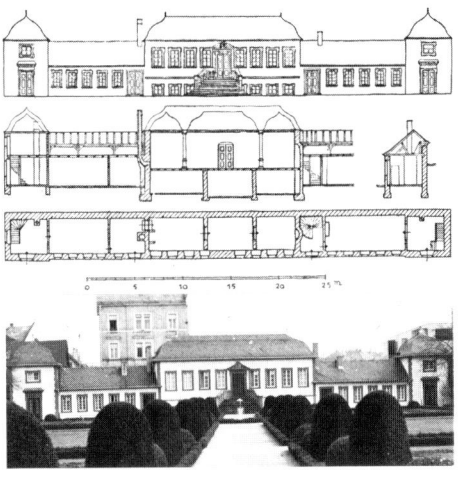

Das Palais wurde zusammen mit dem zugehörigen Barockgarten um die Wende des 18. Jhs. vermutlich von Landgraf Ernst Ludwig errichtet und diente dem Hof als Sommerhaus. Es ist eines der wenigen nicht kriegszerstörten Gebäude in Darmstadt.
Dem Gebäude sind südlich zwei freistehende Baukörper — eine Orangerie und eine Remise — sowie ein Naturtheater mit hölzernem Zuschauerpavillon für die landgräfliche Familie vorgelagert. An Stelle der Bühne steht heute eine Vogelvolière. Im Palais befindet sich die Großherzogliche Porzellansammlung.
Das vor 1711 vermutlich ebenfalls von de la Fosse geplante Prettlacksche Gartenhaus wurde erst später der gut erhaltenen Gesamtanlage eingefügt.

Ehem. Kollegienhaus
heute Regierungspräsidium
Luisenplatz 2
Baujahr: 1777 – 1780
Architekten: Franz Ludwig Cancrin
Friedrich Schuhknecht

oben: Ansicht um 1900
unten links: Erdgeschoßgrundriß
unten rechts: Hof vor 1945

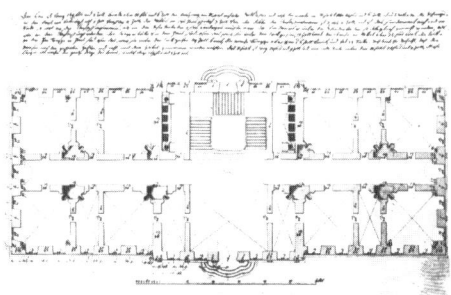

Im Jahre 1715 machte ein Brand im Schloß die Umsiedlung von Teilen der Regierung erforderlich. Die Kanzlei und die Rentkammer wurden zunächst in den Fürstenhof und 1781 in das neu erbaute Kollegienhaus in der westlichen Vorstadt verlegt.
An der Planung waren neben Cancrin und Schuhknecht noch weitere Architekten und Baumeister — so etwa der Frankfurter Steinmetz Thomas Scheidel — beteiligt.
Das Gebäude wurde im Zweiten Weltkrieg fast vollständig zerstört, jedoch originalgetreu wiederaufgebaut.

Orangerie
Bessunger Straße 44
Baujahr: 1719 – 1721
Architekt: Louis Rémy de la Fosse

oben: Ansicht von Süden und Grundriß
unten: Gartenanlage nach de la Fosse

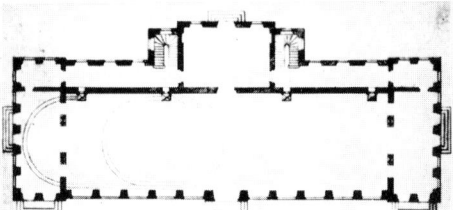

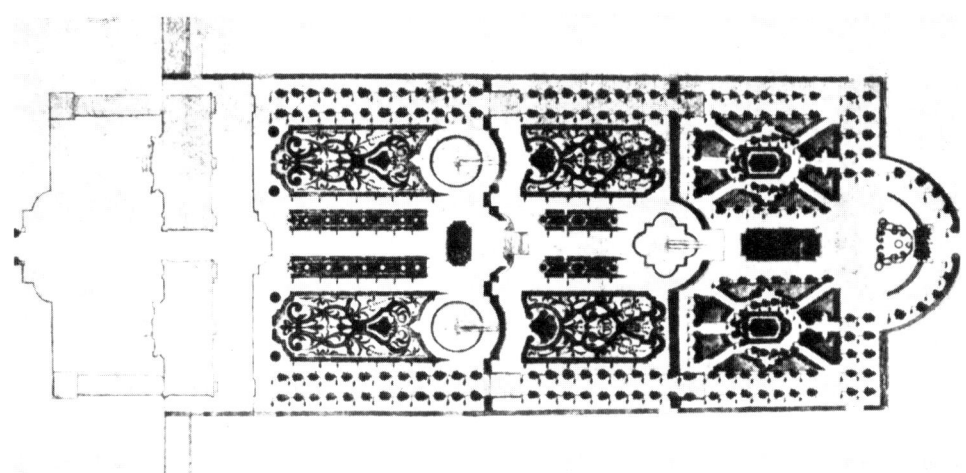

Im Anschluß an den Schloßbrand 1715 regte de la Fosse an, die ohnehin ungeliebte Residenz in der Stadt aufzugeben und nach Bessungen zu verlegen. Nach den Plänen von de la Fosse wurde ein Barockgarten angelegt und eines von zwei Orangeriegebäuden auf der Nordseite errichtet. Der geplante Residenzbau auf der obersten der drei Terrassen wurde jedoch nicht mehr realisiert.
Nach dem Krieg wurde der Orangeriebau zunächst als Theater genutzt. Nach Wiederherstellung der alten Gartenfassade durch J. Sommer sind in dem Gebäude heute ein Versammlungsraum und ein Restaurant untergebracht.

Jagdhof Bessungen
Bessunger Straße 84 – 88
Baujahr: 1709
Architekt: unbekannt

oben: Ansicht des Haupthauses
unten links: Grundriß des 18. Jhs.
unten rechts: Ansicht des 18. Jhs.

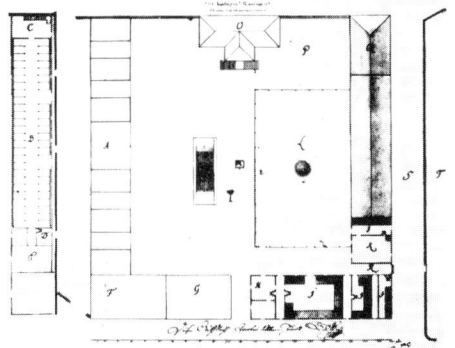

Der Jagdhof wurde mit der Einführung der Parforcejagd im damals noch kaum bebauten Bessungen errichtet. Der Komplex bestand aus zwei großen freien Gevierten, die heute weitgehend überbaut und kaum noch ablesbar sind. Von den Gebäuden ist noch das ehemalige Haus des Oberförsters (kürzlich grundlegend renoviert und als Kindergarten ausgebaut), ein Wirtschaftsgebäude (Bessunger Str. 84) und das alte Herrenhaus erhalten. Das Herrenhaus liegt — schwer auffindbar und in schlechtem baulichen Zustand — im Hof des Hauses Bessunger Straße 88.

Achteckiges Haus
Mauerstraße 17
Baujahr: 1627 (?)
Architekt: Jakob Müller
Ansicht von Westen

Israelitischer Friedhof
Steinbergweg

Das achteckige Haus wurde zu Beginn des 17. Jhs. als Gartenhaus für Kanzler Wolff von Todenwart außerhalb der Stadtmauer gebaut. Es dient gegenwärtig nach Umbau durch J. Sommer als Sanierungsberatungsstelle.

Friedhöfe
Der Israelitische Friedhof dürfte wohl die älteste Anlage in Darmstadt sein. Neben dem Alten Waldfriedhof an der Nieder-Ramstädter Straße ist auch der Neue Waldfriedhof (angelegt von August Buxbaum) im Westen der Stadt bemerkenswert.

Herrngarten
angelegt seit 1580
Gartenplan Anfang des 19. Jhs.

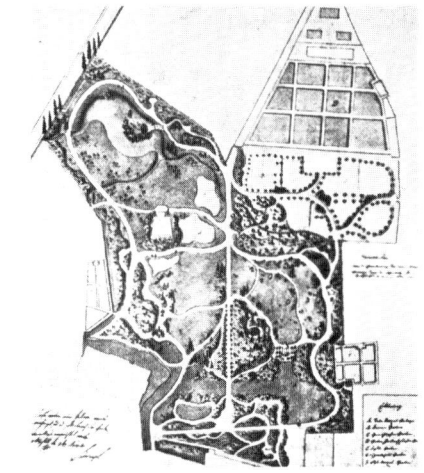

Prinz-Emil-Garten
(Moserscher Garten)
Heidelberger Straße
angelegt 1772 von Siebert
Gartenplan des 18. Jhs.

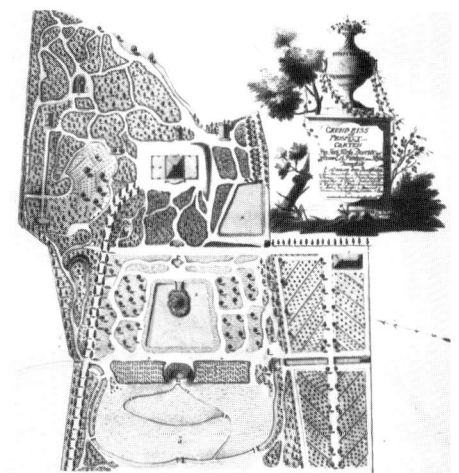

Gärten und Parkanlagen
Darmstadt war bis zum Zweiten Weltkrieg eine Stadt mit zahlreichen öffentlichen und privaten Gärten. Die älteste Anlage ist der seit dem späten 16. Jh. angelegte Schloßgarten, der im 17. Jh. vergrößert wurde, 1681 als französischer Garten umgebaut und 1766 als englischer Landschaftsgarten neu gestaltet wurde.
Seit Aufgabe der Stadtmauer wurden außerhalb der Altstadt zahlreiche Gärten angelegt. Sie gehörten meist Hofbediensteten. So etwa der Riedeselsche Garten, der Wolfskehlsche Garten und der Mosersche Garten mit dem 1775–1778 von Schuhknecht errichteten Prinz-Emil-Schlößchen.

Bauten des Klassizismus

Westliche Stadterweiterung
entworfen von Georg Moller

Rechte Seite
links: Luisenstraße mit Ludwigssäule vor 1945
rechts: Obere Rheinstraße 1798

16 Ludwigssäule 1844
17 Ludwigskirche 1838
18 Hoftheater 1820
19 Neues Kanzleigebäude 1826
20 Johannes-Loge 1820
21 Prinz-Carl-Palais 1934
A Vereinigte Gesellschaft, zerstört
B Gefängnis, zerstört
C Ständehaus, zerstört
D Rheintor, zerstört
E Maintor, zerstört

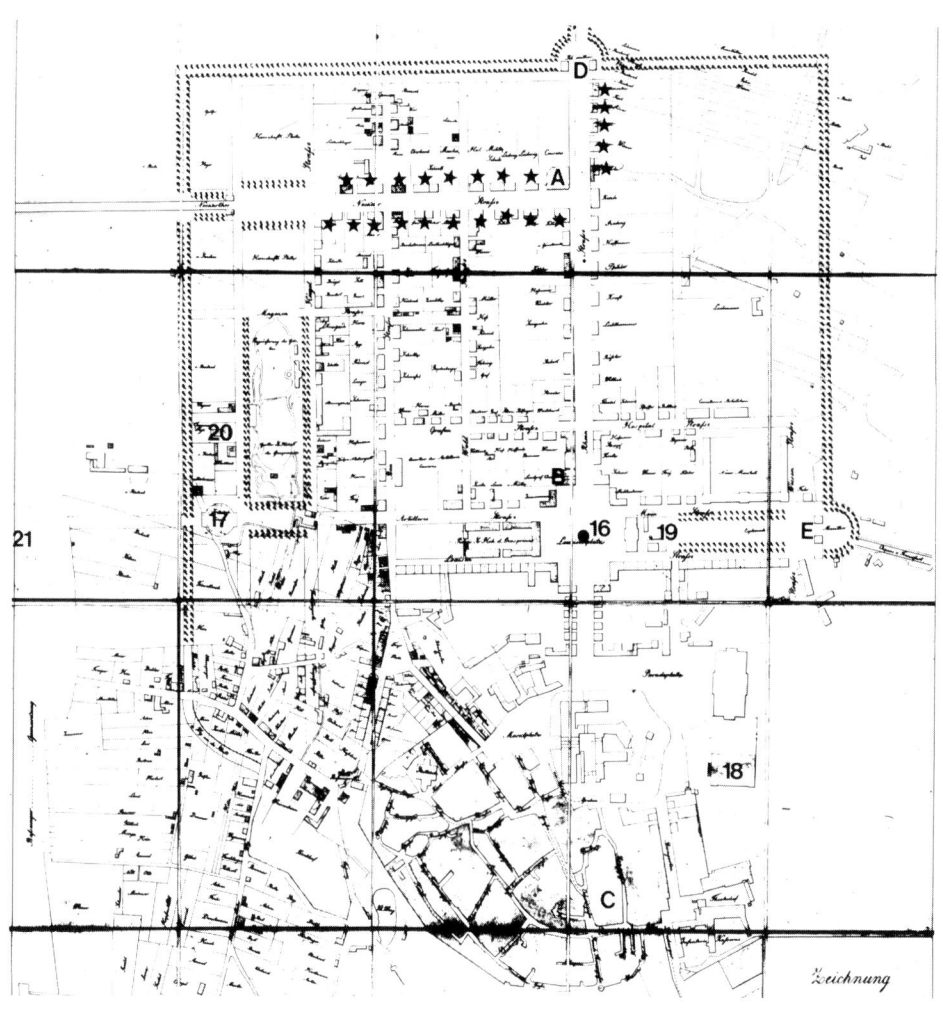

Georg Moller wurde 1810 als Hofbaumeister des 1806 gebildeten Großherzogtums nach Darmstadt berufen. Er prägte die folgenden dreißig Jahre der Stadtentwicklung maßgeblich. Im Jahre 1815 legt er seinen Plan für die „Vergrößerung der Residenz" nach Westen vor, der die Ansätze des 18. Jhs. wieder aufgriff. Das neue Stadtgebiet sollte sich entlang einer nach Westen gerichteten Achse entwickeln, die auf der einen Seite durch das Rheintor (an der Stelle der Kunsthalle) und auf der anderen Seite durch den neuen Westflügel des Schlosses abgeschlossen wurde. Der Anschluß an die vorhandene Bebauung des 18. Jhs. wurde durch den Luisenplatz und die in Nord-Süd-Richtung verlaufende Wilhelminenstraße gebildet. Auf dem Luisenplatz wurde 1844 ein Denkmal für Ludwig I. errichtet. Der Entwurf stammt von Georg Moller und orientiert sich an den Säulenmonumenten in Paris und London. Südlich des Luisenplatzes stand bis zum Zweiten Weltkrieg das Alte Palais, der Wohnsitz des Großherzogs.

Die Überbauung der neuen Vorstadt erfolgte trotz günstiger Konditionen für die Bauherren nur zögernd. Mit einigen Unterbrechungen war Moller stets mit der Überwachung der Neubauten beauftragt. Ferner baute er selbst zahlreiche Wohnbauten und Repräsentationsgebäude.

Die westliche Vorstadt wurde im Zweiten Weltkrieg vollständig zerstört. Von den Bauten ist nichts überliefert. Lediglich der Stadtgrundriß blieb erhalten.

23

Kath. St.-Ludwigs-Kirche
Wilhelminenplatz
Baujahr: 1822 – 1827
Architekt: Georg Moller

oben: Ansicht von der Wilhelminenstraße um 1901
unten links: Konstruktionsdetail
der Kuppel
unten rechts: Innenraum,
Zeichnung von Moller

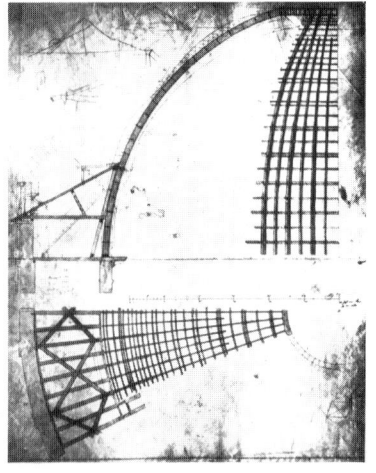

Der Entwurf Mollers aus dem Jahre 1820 orientiert sich am Pantheon in Rom. Der Bau besteht aus einer Kuppel von 28 m Durchmesser, umlaufendem Säulengang und einem als Portikus geplanten Eingang im Norden, der den optischen Abschluß der Wilhelminenstraße, gesteigert durch die Anhöhe, bildet.
Im Zweiten Weltkrieg wurde der Bau fast vollständig zerstört und durch C. Holzmeister in leicht geänderter, jedoch durch Entwürfe Mollers abgesicherter Form wiederaufgebaut. Jüngste Renovierungen versuchen die Kassettendecke, die früher nur aufgemalt war, durch tatsächliche Kassettierung zu ersetzen.
Das Denkmal vor der Kirche ist nach einem Entwurf von Albin Müller errichtet.

Altes Hoftheater
Karolinenplatz
Baujahr: 1818–1820
Architekt: Georg Moller

oben: Ansicht von Westen vor 1871
unten links: Erdgeschoßgrundriß
unten rechts: Ansicht vor 1945 und
Schnitt nach Moller

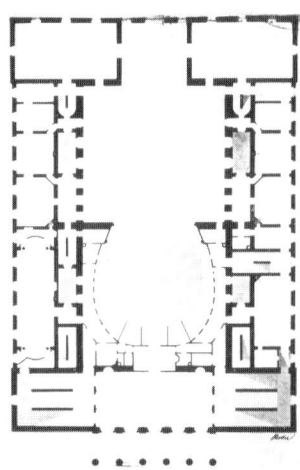

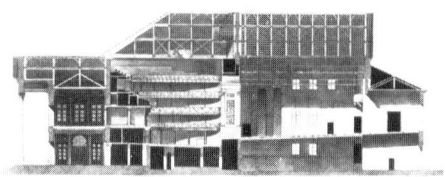

Die ersten Entwürfe für das Theater verfaßte Moller bereits 1814, nachdem der Hof zu Beginn des 19. Jhs. beträchtlichen Aufschwung genommen hatte. Der Bau wurde auf Wunsch des Großherzogs ausgesprochen einfach und mit Ausnahme des Portikus fast schmucklos ausgeführt.
Im Jahr 1871 brannte der gesamte Bau aus und wurde 1875–1879 wiederaufgebaut. Bei dieser Gelegenheit wurde der Zuschauerraum zum Herrngarten hin vergrößert und wesentlich erhöht. Dieser Zustand ist heute noch ablesbar.
Das Theater brannte 1944 ein weiteres Mal aus, wurde anschließend nur notdürftig gesichert und steht seitdem weitgehend leer. In jüngster Zeit erfolgte eine teilweise Fassadenrenovierung.

Neues Kanzleigebäude
Luisenplatz 2 (Rückgebäude)
Baujahr: 1825 – 1826
Architekt: Georg Moller

oben: Ansicht von Norden
unten links: Ansicht und Erdgeschoßgrundriß
unten rechts: Fassade zum Innenhof

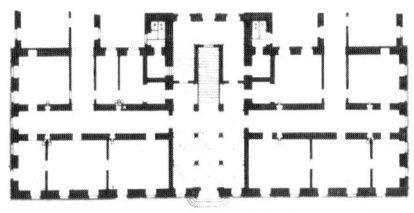

Das neue Kanzleigebäude wurde zur Erweiterung des zu klein gewordenen Kollegienhauses errichtet. An gleicher Stelle hatte Moller früher bereits den Bau für eine katholische Kirche vorgesehen, ein Plan, der nunmehr aufgegeben wurde. An dem Gebäude sind vor allem die Hoffassade — leider schwer zugänglich — und das Treppenhaus bemerkenswert.
Der Bau wurde im Zweiten Weltkrieg weitgehend zerstört, jedoch in seinen wesentlichen Teilen originalgetreu wiederaufgebaut. Er beherbergt heute das Regierungspräsidium.

Ehem. Johannes-Loge zur Eintracht
Sandstraße 10
Baujahr: 1820
Architekt: Georg Moller
Ansicht vor 1945

Prinz-Carl-Palais
heute Landesversicherungsanstalt
Wilhelminenstraße 34
Baujahr: um 1834
Architekt: Georg Moller
Ansicht vor 1900

Die Loge wurde von Moller für die seit 1816 in Darmstadt bestehende Freimaurervereinigung errichtet. Der Bau enthielt neben verschiedenen Gesellschaftsräumen vor allem einen großen Versammlungsraum im rückwärtigen Teil des Gebäudes. Nach Kriegszerstörung wurde ein Neubau unter Verwendung des originalen Portikus errichtet.
Das Prinz-Carl-Palais wurde für einen Bruder Ludwigs III. anläßlich seiner Hochzeit errichtet. Der Bau wurde schon vor dem Ersten Weltkrieg und 1927 nochmals umgebaut, so daß von der ursprünglichen Anlage heute nur noch wenig erhalten ist.

Villa Flotow
Dieburger Straße 235
Baujahr: um 1840
Architekt: Georg Moller (?)

oben: Ansicht von Norden
unten links: Erdgeschoßgrundriß
unten rechts: Ansicht

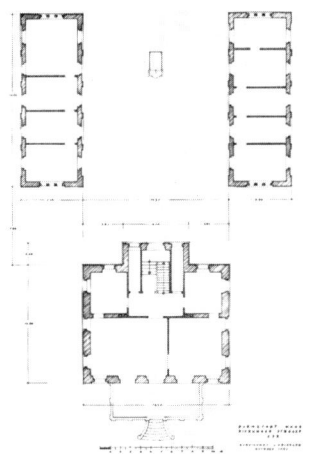

Die Zugehörigkeit der Villa zum Werk Mollers ist nicht vollständig geklärt. Die Quellen machen dies jedoch wahrscheinlich. Das Gebäude wurde von dem Minister Freiherr von Hofmann in Auftrag gegeben und ging nach dessen Tod 1841 in den Besitz des Komponisten Friedrich von Flotow über, der dem Haus auch den Namen gab.
Die Anlage in einem großen, spätromantischen Garten ist durch verschiedene Umbauten zwar etwas verändert, in ihrer Grundkonzeption jedoch noch gut ablesbar.

Park Rosenhöhe

oben: Eingang zum Park (Löwentor)
unten links: Lusthäuschen
von Moller (?)
unten rechts: Mausoleum von Moller

Der ehemalige herrschaftliche Weinberg auf dem Busenberg wurde seit 1810 zu einem Landschaftspark umgewandelt, der wegen seiner vielfältigen Vegetation bemerkenswert ist. Der Eingang des Parks stammt von Albin Müller. Er verwendete die Löwen wieder, die schon auf dem Portal zur Ausstellung der Künstlerkolonie auf der Mathildenhöhe 1914 gestanden hatten, und ließ von Bernhard Hoetger neue Türen fertigen.
Im Park steht ein Lusthäuschen, das G. Moller zugeschrieben wird. Im hinteren Teil befindet sich das Mausoleum für die im Alter von fünf Jahren gestorbene Prinzessin Elisabeth (1831 von Georg Moller mit Anbauten von Heinrich Wagner 1870).

Bauten der Gründerzeit

Darmstadt im Jahr 1901

Rechte Seite
links: Ehem. Amtsgericht
rechts: Ehem. Bank für Handel
und Verkehr

26/27

Die von Moller entworfene Stadterweiterung nach Westen war bis zur Mitte des 19. Jhs. ausreichend, um das geringe Wachstum der Stadt aufzunehmen. Erst mit der beginnenden Industrialisierung und vor allem nach dem Krieg der Jahre 1870/71 entstand wieder die Notwendigkeit, das Stadtgebiet zu erweitern. Die zahlreich entstandenen Industriebetriebe, die sich vor allem im Norden der Stadt und in der Nähe der beiden nordwestlich gelegenen Bahnhöfe befanden, zogen viele Arbeitskräfte an sich, es entstand eine breitere bürgerliche Mittelschicht und die wohlhabenden Bürger entwickelten das Bedürfnis, sich repräsentative Villen zu bauen.
Diesem Entwicklungsdruck konnte die noch immer deutlich zum Umland abgegrenzte Stadt nicht lang standhalten. Im Norden und Osten der Stadt wurden ebenso wie südlich von Bessungen große Gebiete als Wohngebiete neu erschlossen und mit drei- bis viergeschossigen Wohnhäusern überbaut. An der Heinrichstraße, der Landskronstraße, im Tintenviertel und am Böllenfalltor entstanden ausgedehnte Landhausviertel mit aufwendigen Villen.
Gleichzeitig entstanden zahlreiche repräsentative Gebäude für öffentliche Einrichtungen und die Wirtschaft. Der größte Teil dieser Bebauung ist im Zweiten Weltkrieg zerstört worden. Zu den wenigen, noch gut erhaltenen Gebäuden zählt die ehemalige Bank für Handel und Verkehr aus dem Jahr 1875 (Am Alten Bahnhof 6, heute um ein Geschoß aufgestockt), die gegenüber den damals noch dort befindlichen Bahnhöfen errichtet wurde, und das ehemalige Amtsgericht (Neckarstraße 3).
In dem 1901 umfahrenen Gebiet blieb die Stadt dann mit geringen Veränderungen bis zum Zweiten Weltkrieg stehen.

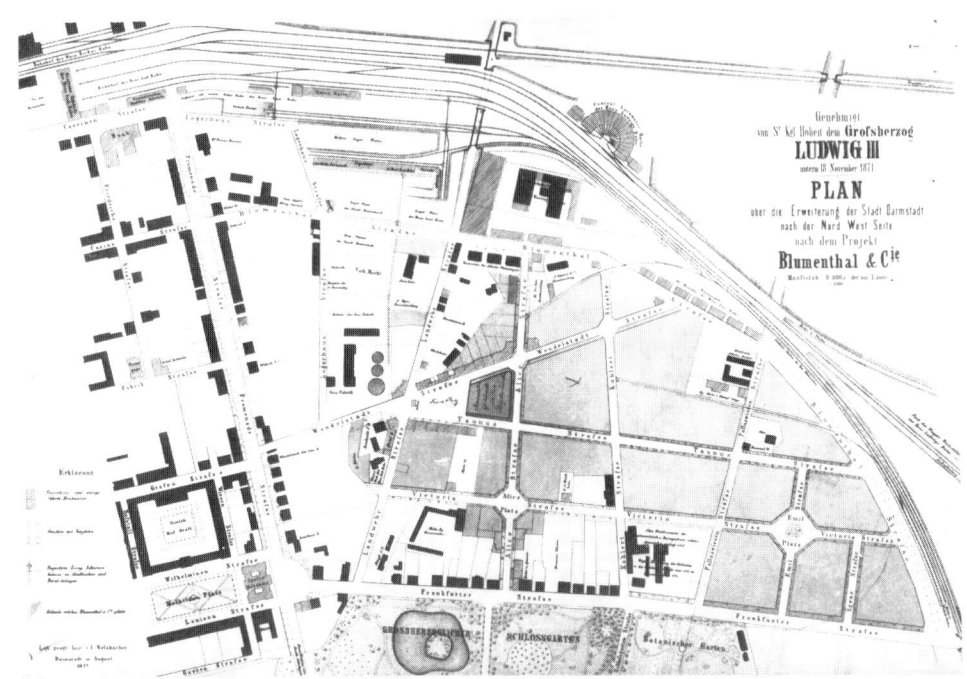

**Bebauungsplan für das
Johannesviertel**
der Blumenthal & Cie. aus dem
Jahr 1872

Das erste Viertel, das im Rahmen der großen Stadterweiterungen neu überbaut wurde, war das Johannesviertel. Die Immobiliengesellschaft Blumenthal & Cie. legte 1872 einen Bebauungsplan für das Gebiet vor, ließ die Straßen und Kanäle anlegen und verkaufte zusammen mit der Süddeutschen Immobiliengesellschaft in Mainz Häuser und Grundstücke an interessierte Bürger. Für die in der ersten Bauphase bis 1875 errichteten Gebäude mußten zwischen 75000 und 130000 Mark bezahlt werden. Die Architektur folgt noch vollständig den Vorstellungen der Gründerzeit, die städtebauliche Planung den von Camillo Sitte entworfenen Zielen.
So erweitern sich die Straßen an den Kreuzungen immer wieder zu geometrisch variierten Plätzen. Den Mittelpunkt des Viertels bildet die 1894 errichtete Johanneskirche auf dem dreieckigen Platz, der von Liebigstraße (früher Taunusstraße) und Wilhelm-Leuschner-Straße (früher Wendelstadt-Straße) gebildet wird.
Die vollständige Überbauung des Viertels erfolgte, den wirtschaftlichen Schwankungen des späten 19. Jhs. folgend, bis etwa 1900.

Bebauung im Johannesviertel

oben: Frankfurter Straße 56-58
unten links: Landwehrstraße 14-16
unten rechts: Viktoriastraße 75-81

Dabei läßt sich die Abfolge der Bautätigkeit an der Architektur der Häuser gut ablesen. Während die frühen Gebäude sich teilweise noch an der klassizistischen Architektur Mollers orientieren, entfalten die Gebäude, die um die Jahrhundertwende entstanden sind, die gesamte Fassadenpracht, wie sie für die Gründerzeit charakteristisch ist. Die Bauten, die nach 1900 entstanden sind, werden in der Formensprache wieder einfacher und klarer, wie vor allem das Beispiel der Liebigstraße zeigt. Der ursprüngliche Baubestand des Viertels ist durch Kriegsschäden teilweise zerstört und nur in einigen Straßen noch vollständig erhalten.

31/32/33

Bebauung im Rhönringviertel

oben: Kittlerstraße 40–46
unten links: Kranichsteiner Str. 53–59
unten rechts: Liebfrauenstr. 105–107

Nachdem das Johannesviertel bis zur Jahrhundertwende weitgehend überbaut war, wurde in den folgenden Jahren das Rhönringviertel verstärkt ausgebaut. Obwohl einzelne Bauten schon kurz nach der Jahrhundertwende entstanden, liegt der Schwerpunkt der Bebauung hier auf der Zeit zwischen 1905 und 1914. Auch nach dem Ersten Weltkrieg ging die Bautätigkeit in diesem Viertel noch bis in die späten 20er Jahre weiter.
Neben gründerzeitlichen Motiven im Stadtplan und in der Architektur — in diesem Zusammenhang ist auch die im Krieg teilweise zerstörte Martinskirche aus dem Jahr 1885 zu nennen — finden sich zahlreiche spätere Bauten mit der zeittypischen Backsteinarchitektur.

Villen der Gründerzeit

oben: Villa Oetinger,
Kranichsteiner Straße 81
unten links: Haus Haardteck,
Herdweg 79
unten rechts: Annastraße 15 um 1905
(Institut für Wohnen und Umwelt)

Von den zahlreichen Villen, die während der Gründerzeit in den Außenbezirken der damaligen Stadt entstanden, sind heute nur noch wenige erhalten. Bevorzugte Villengebiete waren die Hänge oberhalb der Heidelberger Straße und später auch der Bereich zwischen Darmstadt und Eberstadt, der seit der Jahrhundertwende überbaut wurde.
Die Villa Oetinger (Architekt Eugen Beck) wurde ebenso wie die beiden anderen Villen für reiche Darmstädter Familien gebaut. Haus Haardteck (gebaut 1900) dient heute als Altersheim; die Villa Annastraße 15 (Architekt Emanuel Seidl) wurde durch verändernden Ausbau des Dachgeschosses dem „Institut für Wohnen und Umwelt" nutzbar gemacht.

**Technische Hochschule,
Hauptgebäude**
Hochschulstraße 1
Baujahr: 1893–1895
Architekt: Heinrich Wagner

oben: Ansicht des Mittelrisalit
unten links: Erdgeschoßgrundriß
unten rechts: Ansicht

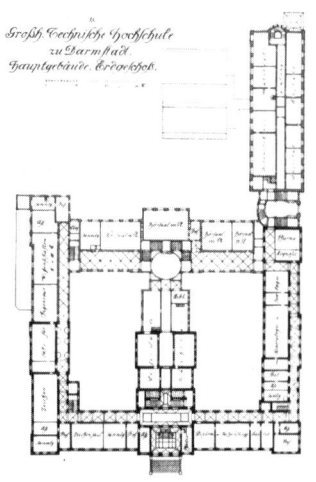

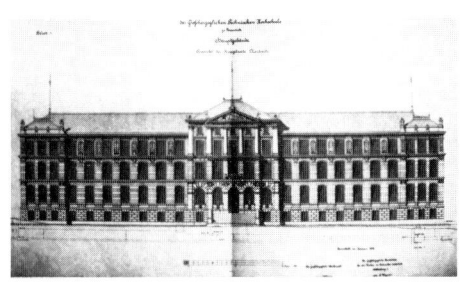

Die Großherzogliche Technische Hochschule Darmstadt ging aus der 1812 gegründeten Bauschule hervor. Sie wurde im Jahr 1877 in eine „Technische Hochschule" umgewandelt.
Die Räume der Vorgängerinstitutionen waren bis 1875 in verschiedenen Gebäuden, vorwiegend am Kapellplatz, untergebracht. Mit den steigenden Studentenzahlen und der Ausweitung des Lehrangebots seit 1869 wurden die alten Gebäude zu klein. Aus diesem Grunde wurde H. Wagner mit der Neuplanung der Hochschulbauten beauftragt. Seine Entwürfe orientierten sich stark an bestehenden deutschen Hochschulbauten (Aachen, Braunschweig, Stuttgart).

**Institutsgebäude der
Technischen Hochschule**
Hochschulstraße 2
Baujahr: 1893–1895 und 1904
Architekten: Erwin Marx
　　　　　　 Friedrich Pützer

oben: Ansicht vor 1945
unten links: Erdgeschoß, Teilgrundriß
unten rechts: Ansicht vor 1904

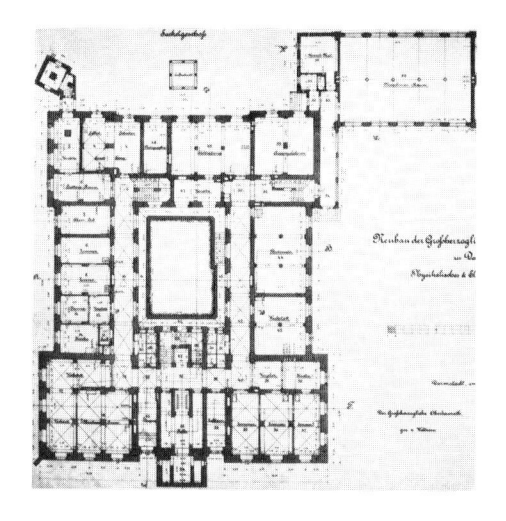

Gleichzeitig mit dem Hauptgebäude wurden die Gebäude für die Chemischen, Physikalischen und Elektrotechnischen Institute zusammen mit einem kleinen Maschinenhaus auf der Nordseite der Hochschulstraße gebaut.
Hier wie auch am Hauptgebäude wurden an der Fassade die Portraitplaketten berühmter Wissenschaftler aus den Technischen Wissenschaften und Naturwissenschaften angebracht.
Zwischen die früher freistehenden Institutsgebäude fügte F. Pützer 1904 einen Hörsaaltrakt ein, dessen Turmbekrönung im Zweiten Weltkrieg zerstört wurde.

Erweiterung der Techn. Hochschule
am Herrngarten
Baujahr: 1908
Architekt: Georg Wickop

oben: Ansicht von Westen
unten links: Grundrisse
unten rechts: Ansicht

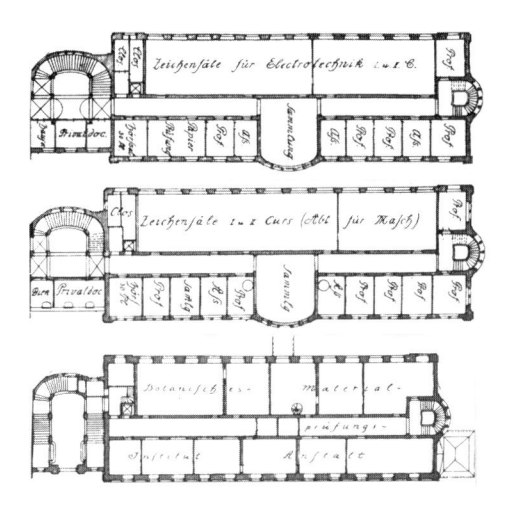

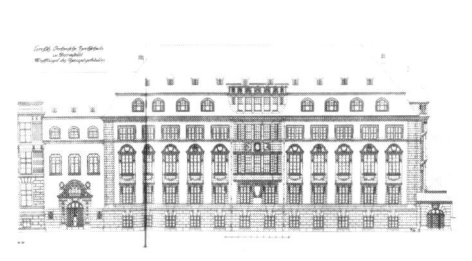

Seit 1901 war der Architekt und Hochschullehrer Georg Wickop zugleich Baudirektor der Technischen Hochschule. Unter seiner Leitung entstanden neben zahlreichen Laboratorien und untergeordneten Bauten vor allem ein neuer Trakt für Büros und Zeichensäle am Herrngarten und das neue Maschinenhaus an der Magdalenenstraße. Im Gegensatz zu seinen Vorgängern, die eindeutig der gründerzeitlichen Architektur verpflichtet waren, vertrat Wickop ebenso wie Pützer eine Architekturrichtung, die sich — wenn auch uneingestanden — stark am Jugendstil orientierte.

Maschinenhalle der Technischen Hochschule
Magdalenenstraße
Baujahr: 1904
Architekt: Georg Wickop

oben: Ansicht von Norden um 1910
unten links: Grundriß
Mitte rechts: Ansicht von Norden, Projekt
unten rechts: Ansicht von Osten, Projekt

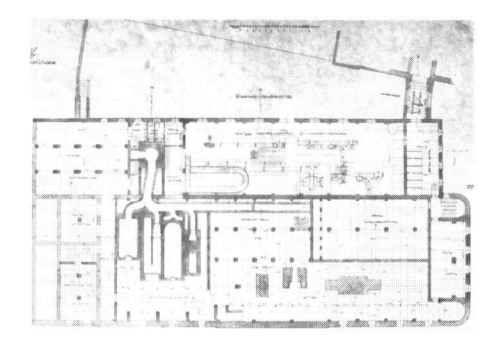

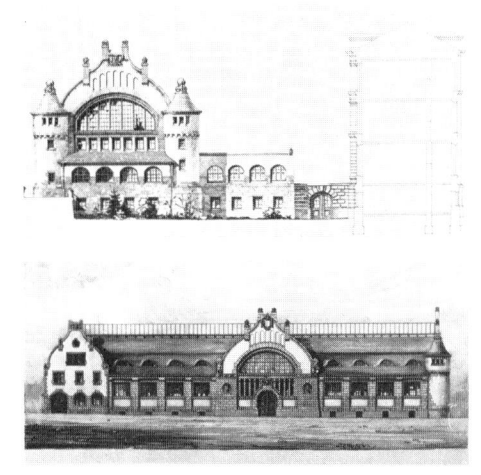

Am Bau des Maschinenhauses wird diese Haltung besonders deutlich. Gerade in den Entwürfen, die dann in vereinfachter Form zur Ausführung kamen, ist abzulesen, wie ein Teil des gründerzeitlichen Formenguts aufgegeben wird.
Maschinenhaus ebenso wie das Gebäude am Herrngarten wurden durch die Kriegszerstörungen kaum beeinträchtigt. Der Innenraum des Gebäudes ist durch den Einbau moderner Maschinen heute völlig verändert.

Städtisches Zentralbad
Mercksplatz 1
Baujahr: 1907 – 1909
Architekt: August Buxbaum

oben: Ansicht vor 1945
unten links: Erdgeschoßgrundriß
unten rechts: Innenraum um 1909

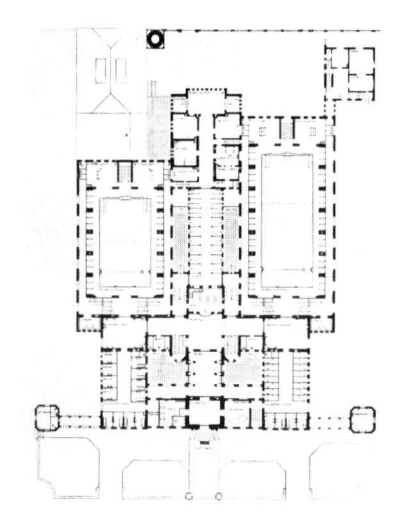

Das Hallenbad entstand auf Grund eines im Jahre 1905 durchgeführten Wettbewerbs, der von Franz Thyriot aus Berlin gewonnen wurde. F. Pützer erhielt den zweiten Preis, Buxbaums Entwurf wurde nur angekauft. Unter den Teilnehmern war auch J. M. Olbrich, dessen Entwurf jedoch keine Beachtung fand.
Die Ausführung des in traditioneller Manier entworfenen Baus wurde dann Stadtbaurat Buxbaum übertragen. Die zeitgenössische Kritik lobte vor allem die modernen technischen Einrichtungen.

Hessisches Landesmuseum
Zeughausstraße 1
Baujahr: 1896 – 1906
Architekt: Alfred Messel

oben: Ansicht vor 1945
unten links: Erdgeschoßgrundriß
unten rechts: Eingangshalle um 1910

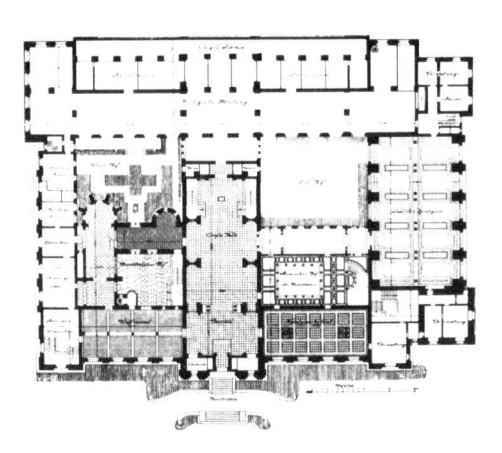

Das „Großherzogliche Museum" wurde an der Stelle des früheren Zeughauses nach einem 1892 durchgeführten Wettbewerb errichtet, der keine befriedigenden Ergebnisse brachte. A. Messel wurde darauf mit der Planung beauftragt; später war auch L. Hoffmann an den Arbeiten beteiligt.
Das Museum sollte vor allem die bis dahin im Schloß untergebrachten Sammlungen aufnehmen, darüber hinaus jedoch auch Gegenstände des hessischen Volkstums. Das im Krieg kaum beeinträchtigte Gebäude wurde Anfang der 70er Jahre zur Aufnahme der „Sammlung Ströher" um ein Dachgeschoß an der Zeughausstraße aufgestockt.

Hauptbahnhof
Platz der Deutschen Einheit 20
Baujahr: 1909
Architekt: Friedrich Pützer

oben: Hauptgebäude um 1910
Mitte: Wettbewerbsentwurf von Olbrich
unten links: Grundrisse der Gesamtanlage
unten rechts: Innenraum der Halle vor 1945

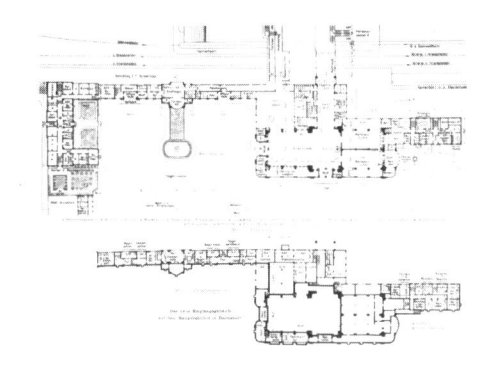

Der Hauptbahnhof wurde erst 1909 vom Steubenplatz an seinen heutigen Standort verlegt. Er entstand aufgrund eines Wettbewerbs. Im Preisgericht waren unter anderen A. Messel und F. v. Thiersch beteiligt.
F. Pützer und Klingholz erhielten je einen zweiten Preis, J. M. Olbrich den dritten Preis. Unter den Teilnehmern waren auch K. Bonatz mit G. Martin und B. Taut, P. Bonatz und H. Billing.
An dem von Pützer ausgeführten Entwurf ist vor allem die Fürstenloge im Süden des Hauptgebäudes bemerkenswert
Das Äußere wurde kürzlich originalgetreu restauriert, der Innenraum ist vollkommen verändert.

**Ehem. Beamtenwohnungen
der Merck AG**
heute Archiv
Frankfurter Straße 250
Baujahr: 1907
Architekt: Friedrich Pützer

oben: Ansicht von Osten um 1920
unten: Ansicht des Werkes mit
Verwaltungsgebäude und Laboratoriumsbau von Osten vor 1914

Seit 1902 verfaßte F. Pützer für die chemische Fabrik E. Merck verschiedene Entwürfe. Die erste, von der zeitgenössischen Presse stark beachtete Arbeit war der Entwurf für eine Arbeitersiedlung im Nordwesten des Werksgeländes. Die nur teilweise ausgeführte Anlage wurde um 1962 abgebrochen.
Es folgten Entwürfe für die abgebildeten Verwaltungsgebäude, ein Laboratoriumsgebäude, Fabrikhallen und andere technische Einrichtungen.
Von den ausgeführten Gebäuden ist nur das heutige Eingangsgebäude unverändert erhalten.

Bauten des Jugendstils

Bebauungsplan der Mathildenhöhe 1910

45 Platanenhain 1830
46 Russische Kapelle, Benois 1897
47 Ernst-Ludwig-Haus, Olbrich 1901
48 Haus Glückert I, Olbrich 1901
49 Haus Glückert II, Olbrich 1901
50 Haus Habich, Olbrich 1901 (v)
51 Haus Keller, Olbrich 1901 (v)
52 Haus Deiters, Olbrich 1901
53 Haus Olbrich, Olbrich 1901 (v)
54 Haus Behrens, Behrens 1901
55 Dreihäusergruppe, Olbrich 1904 (v)
56 Hochzeitsturm, Olbrich 1906
57 Ausstellungsgebäude, Olbrich 1908
58 Oberhessisches Haus, Olbrich 1908
59 Haus Ostermann, Messel 1908
60 Haus Kaiser, Metzendorf 1908
61 Haus Mühlberger, Pützer 1905
62 Haus Becker/Bornscheuer, Pützer 1901
63 Haus Stockhausen, Metzendorf 1912

a Hofmann 1898 (z)
b Albin Müller 1910 (z)
c Pützer 1901 (z)
d Pützer 1901 (v)
e Wallot um 1900 (z)
f Hofmann um 1900 (z)
g Olbrich 1900 (z)
h Pützer 1904 (v)
i Olbrich 1905 (v)
k Olbrich 1902 (z)
l Metzendorf 1910 (v)
m Olbrich 1901 (z)
n Gewin 1908 (z)
o Sutter 1908
p Miethausgruppe Müller 1914 (z)
q Gelände der Ausstellung für Kleinwohnungen 1908
r Schwanentempel Müller 1914
s Bassin Müller 1914

(z) zerstört
(v) verändert

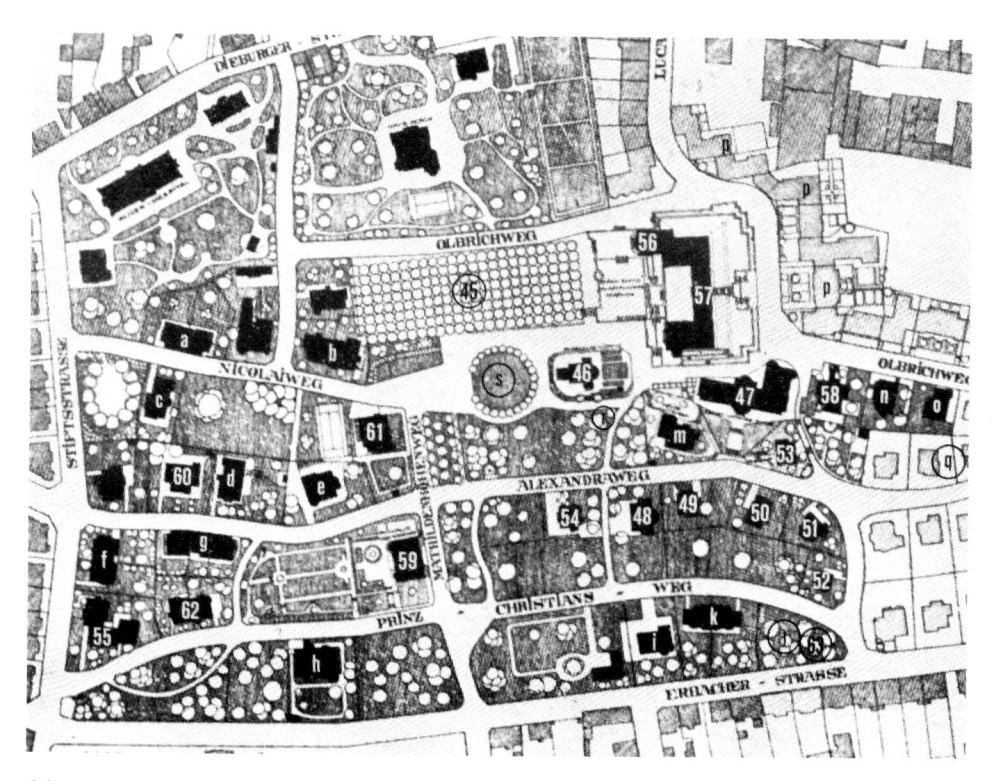

Die Mathildenhöhe war schon im 19. Jh. eine Parkanlage des Hofes. Das älteste noch erhaltene Element ist der seit 1830 angelegte Platanenhain. 1897 wurde hier anläßlich der Hochzeit von Prinzessin Alice mit Zar Nikolaus II. durch den Petersburger Hofarchitekten Leontius N. Benois eine Kirche im russisch-orthodoxen Stil gebaut.
1899 gründete der kunstliebende Großherzog Ernst-Ludwig in Darmstadt eine Künstlerkolonie, deren Ziel die Erarbeitung neuzeitlicher und zukunftsweisender Bau- und Wohnformen sein sollte. Dabei stand der Gedanke im Vordergrund, daß alle Zweige des Kunstschaffens von der Architektur bis hin zur bildenden Kunst einschließlich des Kunsthandwerks und der Möbelschreinerei in der idealen Wohnung eine Einheit bilden müßten. Gleichzeitig wurde die als überladen empfundene Architektur der Gründerzeit abgelehnt. Aus diesem Grund waren an der Künstlerkolonie fast ausschließlich Vertreter des deutschen Jugendstils beteiligt. Die zentrale Figur war zweifellos J. M. Olbrich, der bald zum faktischen Leiter der Künstlergruppe wurde. Neben Olbrich gehörten der Gruppe – teilweise auch nur zeitweilig – Hans Christiansen, Rudolf Bosselt, Paul Bürck, Patriz Huber, Ludwig Habich und Peter Behrens an. Später folgten noch Albin Müller u. a. Die Künstler waren zunächst in verschiedenen Gebäuden der Stadt, u. a. im Prinz-Georg-Palais, untergebracht.
Bereits 1899 veranstalteten sie, wenn auch noch nicht als Mitglieder der Künstlerkolonie, verschiedene Ausstellungen, die vor allem der Kleinkunst und dem Kunstgewerbe gewidmet waren. Die erste gemeinschaftliche Arbeit war die Teilnahme an der Pariser

Weltausstellung des Jahres 1900. Für diese Gelegenheit entwarfen die Künstler eine vollständige Zimmereinrichtung, die von der Möbelfirma Glückert gezeigt wurde.
Fast gleichzeitig wurde ein gemeinschaftliches Ateliergebäude – das spätere Ernst-Ludwig-Haus – geplant und wenig später auch gebaut. Mit dem Ateliergebäude entstand auch der Plan, die Ergebnisse der gemeinsamen Arbeit in einer großen Ausstellung zu zeigen. Das Programm für die Ausstellung „Ein Dokument Deutscher Kunst" wurde dem Großherzog anläßlich seines Geburtstags im Jahre 1900 überreicht und fand schnell dessen Zustimmung, der sich die Stadt anschloß.
Der Plan sah vor, daß jeder der mit einem befristeten Vertrag angestellten Künstler auf einem zu günstigen Konditionen erworbenen Grundstück sein eigenes Wohnhaus errichten sollte, das während der Ausstellung als Musterhaus dienen sollte. So sollten

Platanenhain
angelegt seit 1830
Skulpturenschmuck 1914 von
Bernhard Hoetger
Ansicht vor 1945

Russische Kapelle
Baujahr: 1897
Architekt: Leontius Nikolai Benois
Ansicht vor 1904

die Bemühungen zur Zusammenführung von Architektur, Innenausbau, Kunsthandwerk und Malerei an konkreten, gebauten Beispielen gezeigt werden. Zwischen dem 21. 1. 1900 und dem 15. 5. 1901 (Eröffnungsdatum der Ausstellung) entstanden neben zahlreichen provisorischen Bauten, in denen Ausstellungen zu verschiedenen Themen abgehalten wurden, und dem Ateliergebäude sieben voll eingerichtete Häuser, die dem Publikum zugänglich waren. Allerdings konnten nur die gut bezahlten Künstler Olbrich, Behrens und Habich sowie der Sekretär der Ausstellung Deiters tatsächlich

Ernst-Ludwig-Haus
(Ateliergebäude)
Alexandraweg 28
Baujahr: 1901
Architekt: Joseph Maria Olbrich

oben: Ansicht 1901
unten links: Ansicht und Erdgeschoßgrundriß
unten rechts: Ateliergebäude von
Olbrich (1904) am Olbrichweg

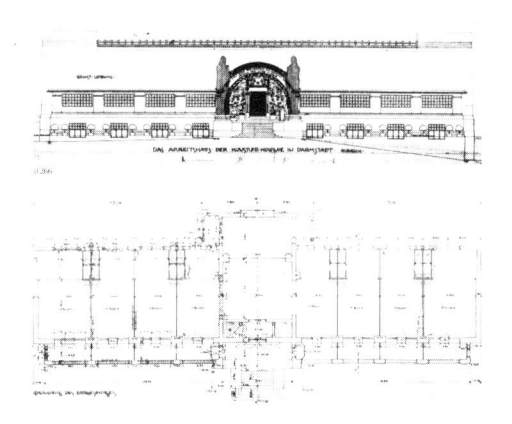

eigene Häuser bauen. Für die übrigen Künstler waren die Baupreise zu hoch, und die Häuser wurden von anderen Interessenten übernommen.
Der Ausstellung 1901 folgten weitere Ausstellungen in den Jahren 1904, 1908 und 1914, wobei die Wohnungsfrage stets eine wichtige Rolle spielte. Die Ausstellung 1908 war dem Kleinwohnungsbau gewidmet, für die Ausstellung 1914 errichtete Albin Müller eine umfangreiche Miethausgruppe im Osten des Ausstellungsgebäudes, die jedoch im Krieg vollständig zerstört wurde.

Haus Glückert I
Alexandraweg 21
Baujahr: 1901
Architekt: Joseph Maria Olbrich

oben: Ansicht
unten links: Erdgeschoßgrundriß
unten rechts: Ansicht von Westen

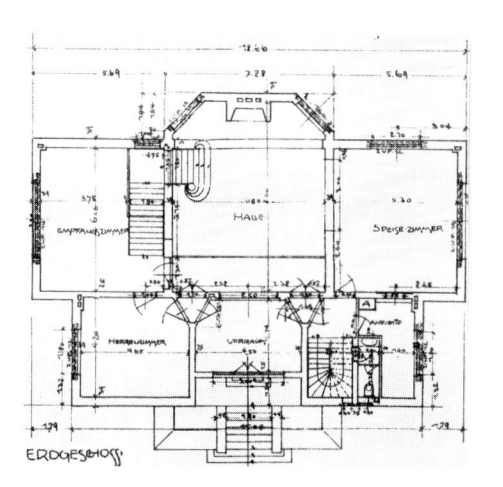

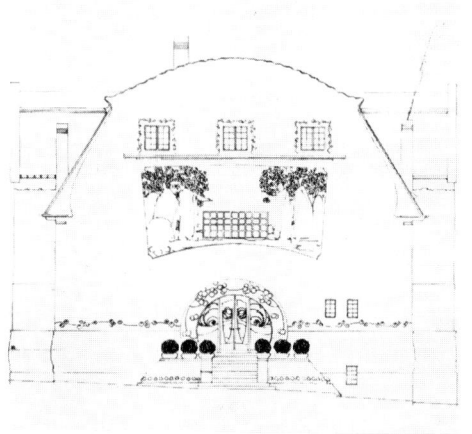

Beide Häuser Glückert dienten während der Ausstellung nicht als Wohnhäuser, sondern als Ausstellungsgebäude für die Möbelfabrik Glückert. Julius Glückert gehörte neben dem Verleger Alexander Koch zu den wichtigen Förderern der Künstlerkolonie. Schon für die Weltausstellung in Paris hatte Glückert die Möbel nach den Entwürfen der Künstler angefertigt.
Zusätzlich zu seinem eigenen Haus übernahm Glückert noch während der Bauzeit das bereits begonnene Haus von Rudolf Bosselt, der die Kosten für seinen Bau trotz der vergleichsweise günstigen Bedingungen nicht aufbringen konnte.

Haus Glückert II
(Haus Rudolf Bosselt)
Alexandraweg 25
Baujahr: 1901
Architekt: Joseph Maria Olbrich

oben: Ansicht um 1901
unten links: Innenraum der Halle vor 1945
unten rechts: Ansicht von Osten

Die Innenausstattung des Hauses Glückert I stammte vollständig von Olbrich, die des Hauses Glückert II teilweise von Olbrich, teilweise von Huber und Bosselt.
Beide Häuser wurden im Zweiten Weltkrieg zum Teil zerstört. Ihre ursprüngliche Erscheinung wurde weitgehend wiederhergestellt (Haus Glückert I 1966 durch Romero und Willius restauriert), während die Inneneinrichtung verloren ist.
Heute ist in dem Haus Glückert I die Deutsche Akademie für Sprache und Dichtung untergebracht.

Haus Habich
Alexandraweg 27
Baujahr: 1901
Architekt: Joseph Maria Olbrich

oben: Ansicht vor 1914
unten links: Erdgeschoßgrundriß
unten rechts: Innenraum der Halle
vor 1945

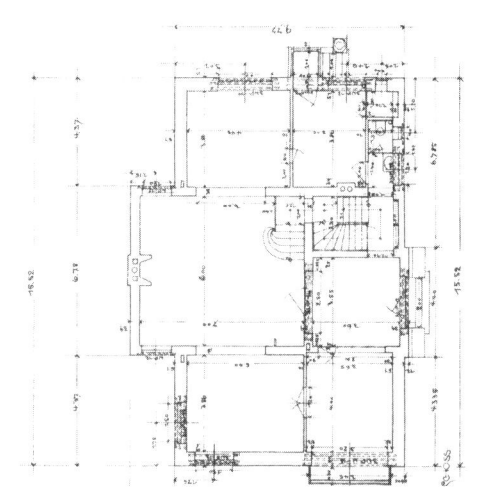

Der Bildhauer Ludwig Habich wurde im Juli 1899 in die Künstlerkolonie berufen. Mit einem Gehalt von 1800 Mark gehörte er zu den mittelmäßig verdienenden Künstlern und konnte sein Haus selbst finanzieren. Er wirkte bis zu seiner Berufung nach Stuttgart stetig an den Ausstellungen der Künstlerkolonie mit.
Das Haus fällt wegen des flachen Daches und des streng geometrischen Baukörpers mit sparsamer Dekoration auf. Nach Kriegszerstörung, der auch die Inneneinrichtung von P. Huber zum Opfer fiel, wurde das Gebäude in stark veränderter Form wiederaufgebaut.

Haus Christiansen
zerstört
Baujahr: 1901
Architekt: Joseph Maria Olbrich

oben: Ansicht vor 1945

Haus Keller
Alexandraweg 31
Baujahr: 1901
Architekt: Joseph Maria Olbrich

unten links: Detail der Fassade
unten rechts: Ansicht vor 1945

Der Maler Hans Christiansen nahm seine Tätigkeit im Juli 1899 auf. Da sein Vertrag nicht verlängert wurde, schied er schon 1902 wieder aus. Sein Wohnhaus wurde von Olbrich nach Vorstellungen Christiansens entworfen und im Krieg vollständig zerstört.

Das Haus Keller wurde von einem Privatmann – keinem Mitglied der Künstlerkolonie – gebaut. Während der Ausstellung diente das Erdgeschoß als Ausstellungsraum für Darmstädter Möbelfirmen.
Nach Kriegszerstörung wurde das Haus stark verändert wiederaufgebaut.

Haus Deiters
Mathildenhöhe 2
Baujahr: 1901
Architekt: Joseph Maria Olbrich

oben: Ansicht
unten: Ansichten

Nachdem die Stadt Darmstadt am 25. 1. 1900 den Betrag von 30000 Mark als Garantiefonds für die Durchführung der Ausstellung 1901 bewilligt hatte, errichteten die Künstler ein eigenes Sekretariat, das von Wilhelm Deiters geleitet wurde. Nachdem abzusehen war, daß die Ausstellung mit großen Verlusten schließen würde, wurde Deiters entlassen.
Das Haus, das während der Ausstellung im Erdgeschoß der Öffentlichkeit zugänglich war, in den Obergeschossen jedoch bewohnt wurde, ist unzerstört überliefert und noch weitgehend im ursprünglichen Zustand.

Haus Olbrich
Alexandraweg 28
Baujahr: 1901
Architekt: Joseph Maria Olbrich

oben: Ansicht vor 1914
unten links: Erdgeschoßgrundriß
unten rechts: Ansicht

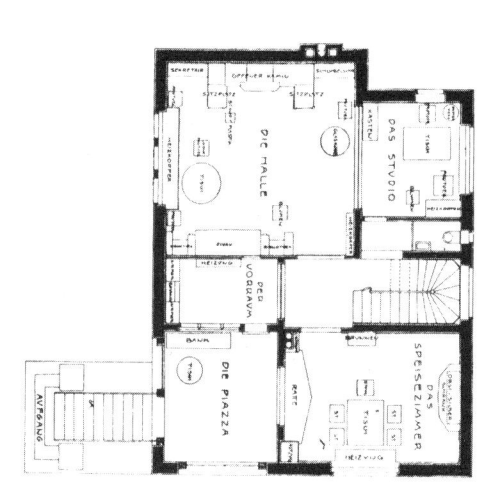

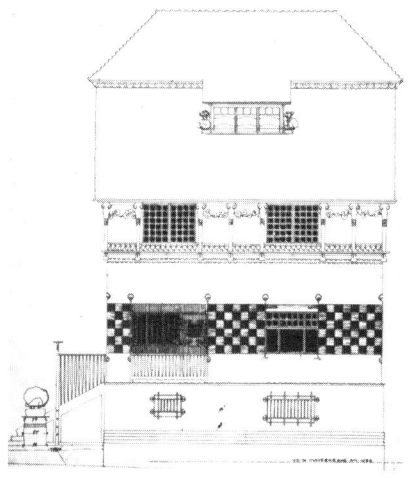

J. M. Olbrich war ohne Zweifel der führende Kopf unter den nominell gleichberechtigten Künstlern. Er kam im Alter von 32 Jahren zusammen mit dem fast gleichaltrigen Behrens nach Darmstadt. Bis zu seinem Tod 1908 beherrschte er die Künstlerkolonie vollständig.
Olbrich zog mit Erfolg sämtliche Bauaufgaben auf der Mathildenhöhe an sich.
Sein Haus, das erst im Oktober 1901 fertiggestellt wurde, kostete 75000 Mark und war damit im Vergleich mit den anderen Häusern billig. Es wurde nach Kriegszerstörung in stark geänderter Form wiederaufgebaut.

Haus Behrens
Alexandraweg 17
Baujahr: 1901
Architekt: Peter Behrens

oben: Ansicht um 1901
unten links: Erdgeschoßgrundriß
unten rechts: Bibliothek vor 1945

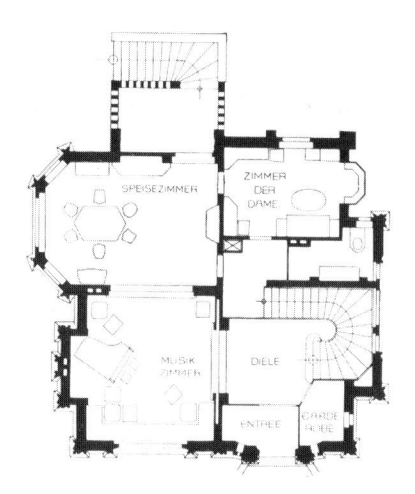

Der Architekt Peter Behrens kam im Juli 1899 nach Darmstadt, konnte sich jedoch offenbar gegen Olbrich nicht durchsetzen und verlor darauf das Interesse an der Künstlerkolonie. Er ging 1903 nach Düsseldorf. Das Haus Behrens ist der einzige Bau im Rahmen der Künstlerkolonie, der vor 1908, dem Todesjahr von Olbrich, nicht von diesem selbst geplant wurde. Entsprechend unterscheidet sich auch die Architekturauffassung des Gebäudes, das mit 200000 Mark das teuerste Haus der Ausstellung war. Auch dieses Haus wurde im Krieg beschädigt, jedoch im wesentlichen originalgetreu wiederhergestellt.

Dreihäusergruppe
Prinz-Christians-Weg 2-4
Baujahr: 1904
Architekt: Joseph Maria Olbrich

oben: Ansicht von Südwesten um 1930
unten links: Ansicht
unten rechts: „Graues Haus",
Ansicht vor 1945

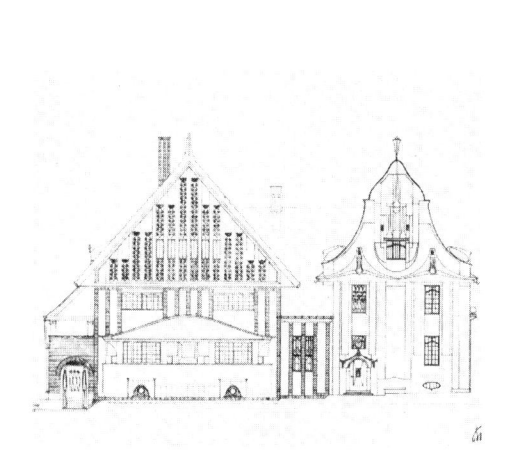

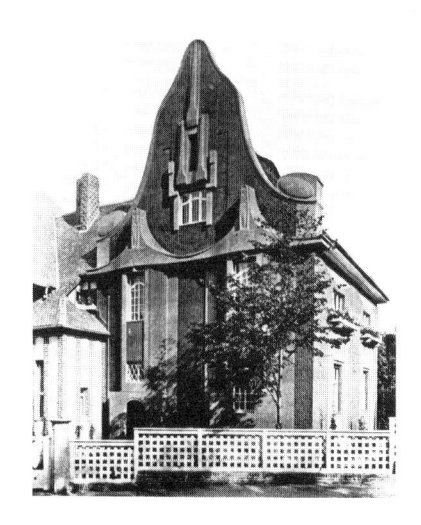

Die Häusergruppe entstand 1904 im Zusammenhang mit der zweiten Ausstellung der Künstlerkolonie. Diese Ausstellung fiel nach dem finanziellen Fiasko von 1901 viel bescheidener aus. Es wurden lediglich wenige provisorische Bauten errichtet.
Die Dreihäusergruppe sollte beispielhaft Wohnmöglichkeiten für mittlere Einkommen aufzeigen. Der Preis für jeden der vollständig von Olbrich entworfenen und eingerichteten Hausteile wurde mit 45000 Mark angegeben.
Die Baugruppe wurde im Kriege stark zerstört und in sehr entstellender Form wiederaufgebaut.

Hochzeitsturm
Baujahr: 1906
Architekt: Joseph Maria Olbrich

oben: Ansicht von Westen
unten links: Lageplan
unten rechts: Entwurfsskizzen von Olbrich

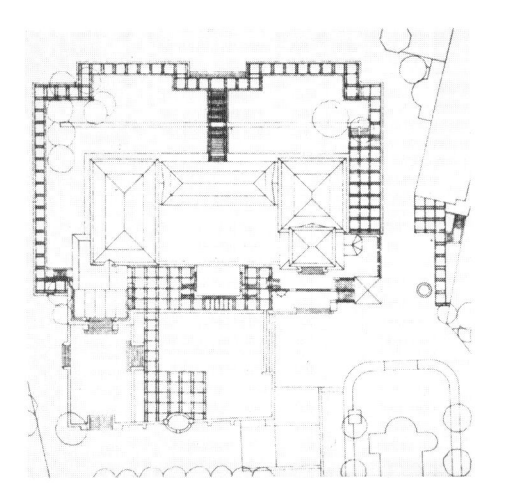

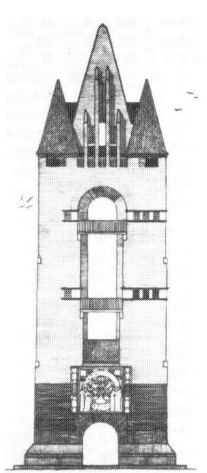

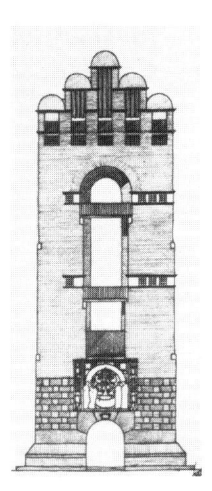

Anläßlich der Hochzeit von Ernst Ludwig mit Eleonore von Solms-Hohensolms-Lich im Jahr 1905 beschloß die Stadt, dem geschätzten Großherzog ein würdiges Geschenk zu machen. Zunächst war an eine Truhe gedacht. Der geschäftstüchtige Olbrich setzte sich jedoch bald mit seiner Auffassung durch, daß ein Turm das geeignete Geschenk sei und erhielt schon wenig später den Auftrag, entsprechende Entwürfe anzufertigen. Olbrich griff auf Skizzen für einen Aussichtsturm auf der Mathildenhöhe aus dem Jahr 1901 zurück; er legte die endgültigen Entwürfe bald darauf vor, so daß das Monument schon wenig später errichtet werden konnte.

Ausstellungsgebäude
Baujahr: 1908
Architekt: Joseph Maria Olbrich

oben: Ansicht um 1908
unten links: Ansicht
unten rechts: Erdgeschoßgrundriß

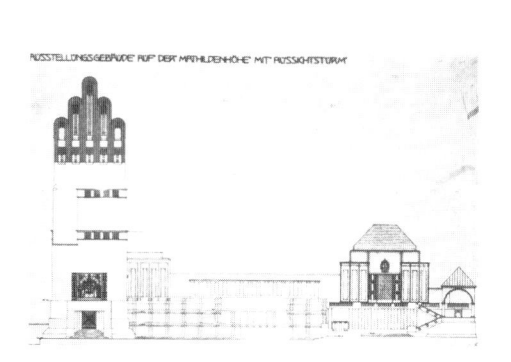

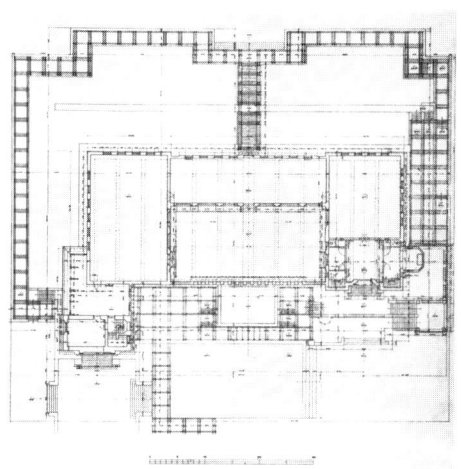

Im Jahr 1908 wurde die dritte Ausstellung der Künstlerkolonie durchgeführt. Der Schwerpunkt dieser Ausstellung lag auf einer Kleinwohnungskolonie, mit der nachgewiesen werden sollte, daß gute Wohnformen auch mit geringen Mitteln zu erreichen waren. Unter der Schirmherrschaft verschiedener Industrieunternehmen aus der Umgebung entwarfen Olbrich und erstmals auch Vertreter der traditionellen Architekturauffassung einfache Wohnhäuser für ein oder zwei Arbeiterfamilien.
Gleichzeitig wurde ein Ausstellungsgebäude errichtet, in dem die Mitglieder der Künstlerkolonie ihre Arbeiten auf dem Gebiet der Kunst und des Kunstgewerbes zeigen konnten. Der Bau steht auf einem bereits 1880 hier errichteten Wasserreservoir. Der früher offene Hof zwischen den beiden Flügelbauten wurde erst nach dem Zweiten Weltkrieg überdacht. 1976 wurde die Pergolenarchitektur um das Gebäude teilweise ergänzt.

Oberhessisches Ausstellungshaus
Olbrichweg 15
Baujahr: 1907–1908
Architekt: Joseph Maria Olbrich

oben rechts: Ansicht um 1908
unten links: Erdgeschoßgrundriß
unten rechts: Schnitt

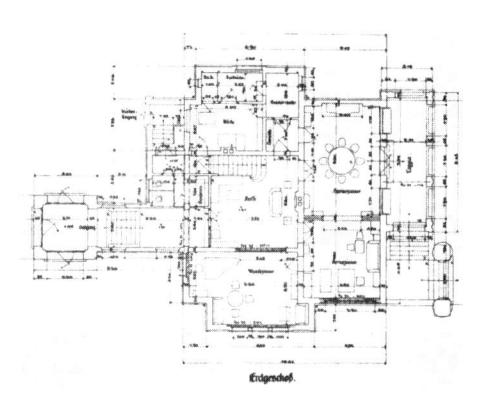

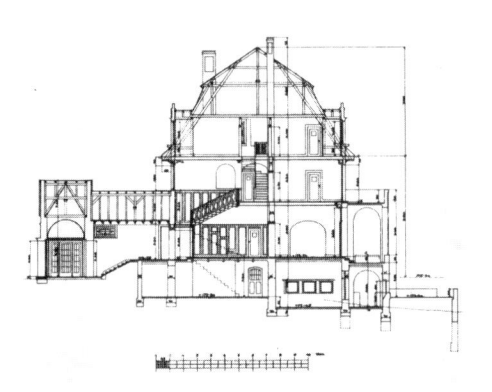

Im Zusammenhang mit der Landesausstellung 1908 beschlossen verschiedene Fabrikanten aus dem oberhessischen Raum, sich mit einem eigenen Haus an dieser Ausstellung zu beteiligen. Auf Wunsch des Großherzogs wurde die Absicht, ein auch in der Erscheinung „Oberhessisches" Haus zu errichten, zugunsten eines Gebäudes, das sich in die Architektur der Mathildenhöhe einfügen und lediglich als Ausstellungsgebäude für die Produkte der oberhessischen Industrie und des Handwerks dienen sollte, aufgegeben.
Heute ist in dem Gebäude das Deutsche Polen-Institut untergebracht.

Haus Ostermann
heute „Rat für Formgebung"
Eugen-Bracht-Weg 6
Baujahr: um 1908
Architekt: Alfred Messel

oben: Ansicht um 1908
unten links: Grundrisse
unten rechts: Ansicht der Gartenseite

Die ortsansässigen Architekten, insbesondere die Professoren der „Großherzoglichen Technischen Hochschule", waren an der Realisierung der Ausstellung auf der Mathildenhöhe ebenso wie die Vertreter der „klassischen" Architekturrichtungen in keiner Weise beteiligt. Aufgrund des positiven Echos, das alle vier Ausstellungen in der Fachpresse fanden, bemühten sich jedoch diese Architekten, auch ihre Architekturauffassung auf der Mathildenhöhe zu zeigen.
So entstanden seit 1900 in den Randbereichen der Künstlerkolonie zahlreiche Landhäuser, die von bedeutenden „Traditionalisten" entworfen sind.

Haus Kaiser
Alexandraweg 6
Baujahr: um 1908
Architekt: Georg Metzendorf
Ansicht um 1908

Haus Mühlberger
Nikolaiweg 9
Baujahr: 1905
Architekt: Friedrich Pützer
Ansicht um 1909

Die Architekten kamen dabei sämtlich aus Hessen. In der Besprechung ihrer Bauten durch die Fachpresse wird immer wieder die „Heimatverbundenheit" und der „nationale Baustil" hervorgehoben, der in Gegensatz zu den Bauten der Künstlerkolonie gesetzt wird.
Der bekannteste dieser Architekten war A. Messel, der früher bereits das Museum entworfen hatte und auch im Tintenviertel ein Landhaus gebaut hatte.
Der durch den Bau des Berliner Reichstagsgebäudes bekannt gewordene Architekt Wallot entwarf ein Haus im Alexandraweg, und auch die Häuser Gewin und Sutter im Olbrichweg wurden von Vertretern der traditionellen Richtung gebaut. Wesentlichen Anteil an der „Gegenausstellung" hatte auch der Hochschulprofessor Friedrich Pützer, der allein fünf Häuser auf dem Westhang der Mathildenhöhe plante. Von seinem eigenen Haus im Alexandraweg sind nur noch die Umfassungswände erhalten, wäh-

Haus Becker/Bornscheuer
Prinz-Christians-Weg 6/8
Baujahr: 1900 – 1901
Architekt: Friedrich Pützer
Ansicht um 1905

Haus Stockhausen
Prinz-Christians-Weg 25
Baujahr: um 1912
Architekt: Heinrich Metzendorf
Ansicht um 1912

rend der Innenraum vollständig verändert ist. Haus Mühlberger und Haus Becker/Bornscheuer sind nach Kriegszerstörung teilweise stark verändert, die beiden restlichen Bauten vollständig verändert.
Neben den Bauten von Pützer fanden auch die Häuser der beiden Brüder Metzendorf, deren Büro in Bensheim für zahlreiche Darmstädter Bürger Entwürfe geliefert hat, starke Beachtung. Besonders das Haus Kaiser wurde vielfach erwähnt.
Gerade an den Bauten der Brüder Metzendorf läßt sich deutlich ablesen, wie sich die beiden Architektengruppen auf der Mathildenhöhe gegenseitig beeinflußten. Die Traditionalisten greifen — vor allem in der Baudekoration — die Ideen der Künstlerkolonie auf, während vor allem die späteren Bauten von Olbrich Merkmale der „Heimatarchitektur" aufweisen.

64

Arbeiterhäuser
(früher Mathildenhöhe)
Erbacher Straße 138 – 150
Baujahr: um 1900 und nach 1908
Architekten: Mahr & Markwort,
　　　　　　　Erbacher Str. 138
　　　　　　　Georg Metzendorf,
　　　　　　　Erbacher Str. 140
　　　　　　　Arthur Wienkoop,
　　　　　　　Erbacher Str. 142
　　　　　　　Karl Hofmann,
　　　　　　　Erbacher Str. 144 – 150
oben: Ansicht der Häuser
unten links: Haus von G. Metzendorf,
Ansicht und Grundrisse
unten rechts: Kleinwohnungssiedlung
auf der Mathildenhöhe 1908

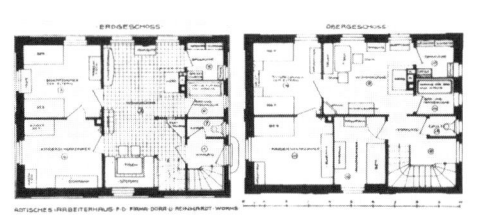

Das Schwergewicht der dritten Landesausstellung 1908 lag auf dem Bemühen, auch für geringere Einkommen „gute Wohnungen" zu entwerfen. Unter der Patenschaft von Firmen aus der Umgebung von Darmstadt wurden von Olbrich ebenso wie von ortsansässigen Architekten Kleinwohnungen entworfen. Diese Häuser wurden offenbar im Anschluß an die Ausstellung wieder abgebrochen. Drei dieser Häuser stehen heute in gleicher Form in der Erbacher Straße. Neben den Häusern von Wienkoop, Metzendorf und Mahr & Markwort stehen zwei Häuser von K. Hofmann, die zur alten Meierei gehörten und schon früher hier standen.

Arbeitersiedlungen
am Dornheimer Weg
erbaut nach 1900
Architekt: Stumpf & Osterrath (?)

oben: Ansichten
unten: Wettbewerbsentwurf 1904

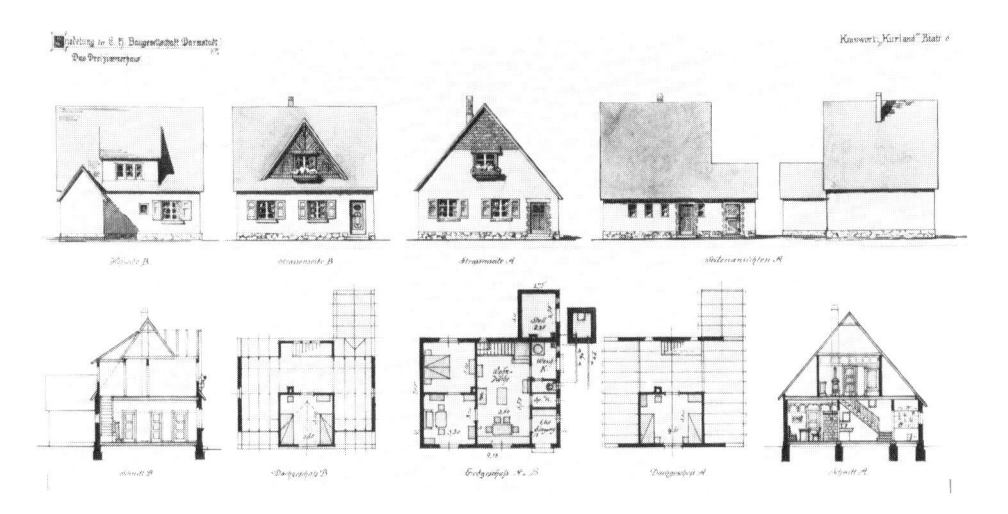

Nach der Jahrhundertwende entstanden in Darmstadt mehrere Arbeitersiedlungen. Die erste Anlage wurde von F. Pützer für die Merck AG entworfen und teilweise realisiert. Fast gleichzeitig wurde ein Wettbewerb ausgeschrieben, der Entwürfe für eine Arbeitersiedlung am Hauptbahnhof forderte. Die Siedlung südlich des Dornheimer Wegs wurde jedoch nur teilweise realisiert. Der größte Teil der Bebauung stammt mit geändertem Planungskonzept aus den Jahren nach dem Ersten Weltkrieg. Nördlich des Dornheimer Wegs steht noch heute eine Siedlung, deren Entstehungszeit nicht sicher festzustellen ist, die aber vermutlich aus dem frühen 20. Jh. stammt.

Bebauungsplan „Tintenviertel"
aufgestellt 1901
von Friedrich Pützer

unten: Überbauungszustand um 1910
(Gebäude teilweise verändert
oder zerstört)

Rechte Seite
oben links: Roquetteweg 15,
Georg Wickop
oben rechts: Am Erlenberg
unten links: Im Geißensee 11,
Friedrich Pützer
unten rechts: Roquetteweg 34,
Heinrich Walbe

35 Haus Haardteck
66 Georg Wickop
67 Friedrich Pützer
68 Heinrich Walbe
69 Friedrich Pützer
70 Paul Meissner

a Heinrich Metzendorf
b Mahr & Markwort
c Georg Wickop
d Karl Hofmann
e Vetterlein
f Georg Wickop
g Alfred Messel
h Heinrich Metzendorf
i Carl Schumber
k Georg Wickop
l Wilhelm Frings

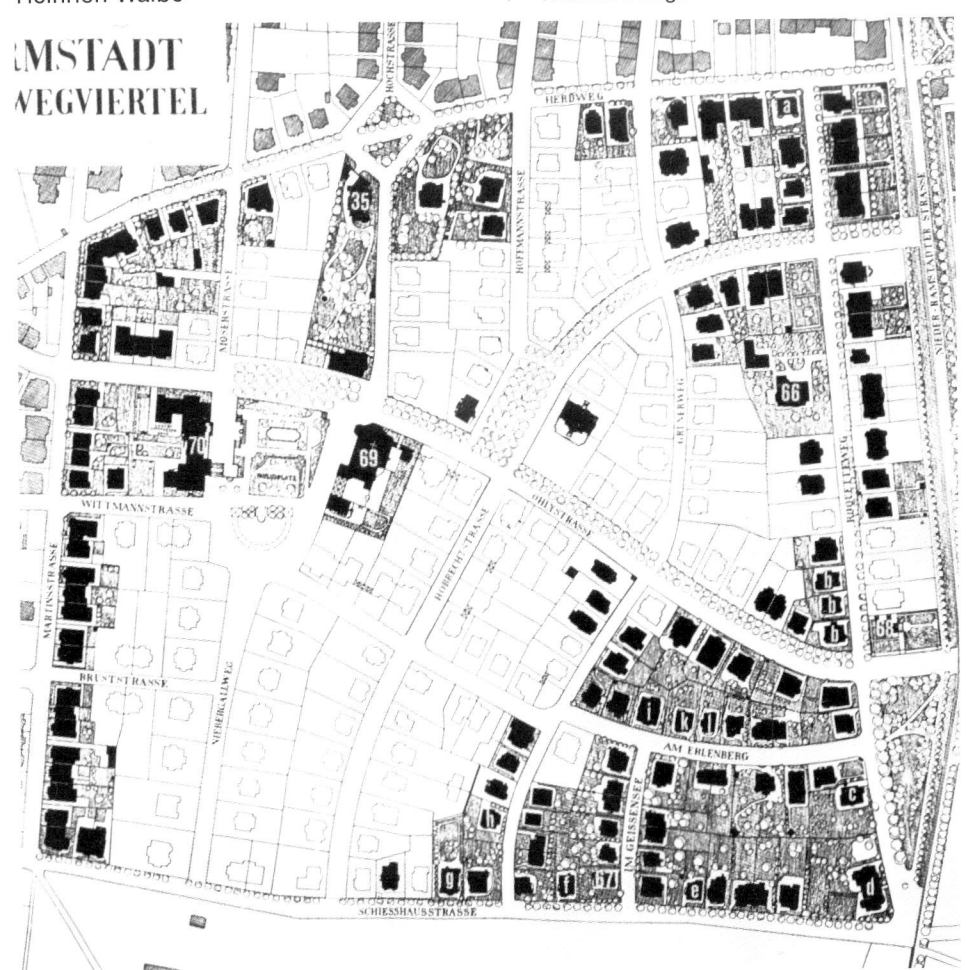

66/67/68

Gleichzeitig mit dem Bebauungsplan für die Mathildenhöhe wurde nach den Planungen von F. Pützer, dem wichtigsten „traditionellen" Architekten der damaligen Zeit, ein weiteres „Landhausviertel" angelegt. Die Bebauung ist stark an der Idee des Wohnparks orientiert. Die Straßen sind als unterschiedlich gestaltete Alleen mit verschiedenen Baumarten ausgebildet.
Die Architekten der Häuser waren in der Regel Hochschulprofessoren oder andere bekannte Entwerfer, die sämtlich der traditionellen Architekturrichtung anhingen. Auch hier wurde schon Anfang des 20. Jhs. das Spannungsverhältnis zwischen den Ortsansässigen und den Mitgliedern der Künstlerkolonie sichtbar.

Pauluskirche
Niebergallweg 20
Baujahr: 1905–1907
Architekt: Friedrich Pützer

oben: Ansicht von Westen (um 1915)
unten links: Erdgeschoßgrundriß
unten rechts: Ansicht von Westen

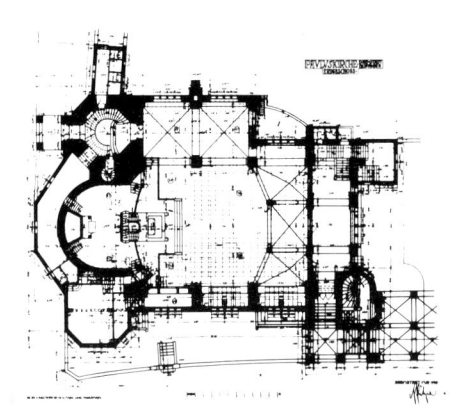

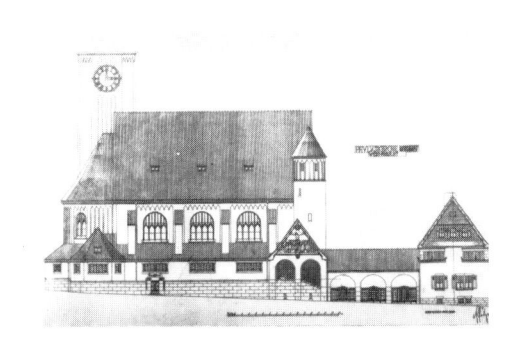

Als Mittelpunkt des Tintenviertels sah Pützer ganz im Sinne damaliger Vorstellungen von Städtebau eine Gruppe von Monumentalbauten vor. Neben der Pauluskirche und dem gegenüberliegenden Bankgebäude sollte ein weiterer Bau, der jedoch nicht zustande kam, den Platz nach Süden abschließen. Die heutige Platzgestaltung stammt von F. Pützer und P. Meissner.
Der Gesamtkomplex der Pauluskirche besteht aus dem im Krieg teilweise zerstörten Kirchenbau, dem südlich anschließenden Pfarrhaus und der Küsterwohnung im Osten. Mit Ausnahme des Innenraumes wurde die Kirche nach dem Krieg wieder in ihrer ursprünglichen Form aufgebaut.

Ehem. Landes- und Hypothekenbank
heute Evangelische Kirche in Hessen
und Nassau
Paulusplatz 1
Baujahr: 1912
Architekt: Paul Meissner

oben: Ansicht von Osten (1912)
unten links: Erdgeschoßgrundriß
unten rechts: Schnitt und Ansicht

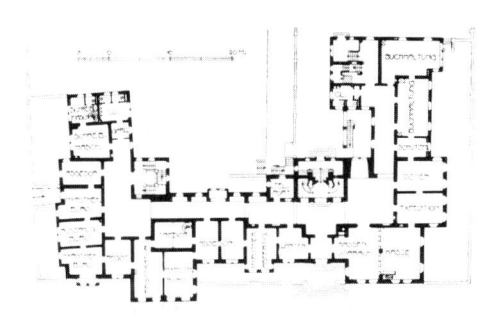

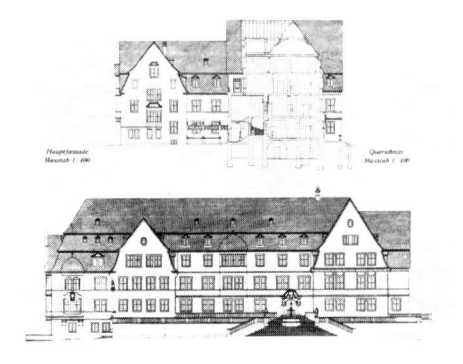

Das Gebäude entstand aufgrund eines im Jahre 1905 durchgeführten Wettbewerbs, an dem namhafte Architekten (Birkenholz/Troost, Karl Bonatz) ebenso wie Darmstädter Architekten (Vetterlein, Wienkoop) teilnahmen, und den Meissner mit seinem Entwurf unter dem Motto „Dasein und Wirken" gewann.
Das Gebäude fand in seiner Zeit — ebenso wie die anderen Gebäude von Meissner in Darmstadt — starke Beachtung. Nach Kriegszerstörung wurde es in der äußeren Erscheinung originalgetreu wiederaufgebaut. Die Innenräume sind jedoch verändert.

Häuser des Jugendstils
Moosbergstraße 60
Baujahr: um 1905
Architekt: Harres

Erbacher Straße 4, Hinterhaus
Baujahr: 1904
Architekt: unbekannt

Die Anregungen der Künstlerkolonie auf der Mathildenhöhe blieben selbstverständlich nicht ohne Auswirkungen auf die Bautätigkeit in Darmstadt insgesamt, wenn auch die ortsansässigen Architekten an den Landesausstellungen kaum beteiligt waren. Überall an Gebäuden, die nach 1900 errichtet wurden, sind zahlreiche Elemente des Jugendstils — in der Regel ornamentale Dekorationen — zu finden. Der Schwerpunkt liegt dabei in den Neubaugebieten des frühen 20. Jhs. (Rhönringviertel, Inselstraße).

Bauten der zwanziger und dreißiger Jahre

Haus Koch
Annastraße 25
Baujahr: 1926
Architekt: Friedrich August Breuhaus

oben: Ansicht vor 1945
unten links: Lageplan und
Erdgeschoßgrundriß
unten rechts: Seitenansicht

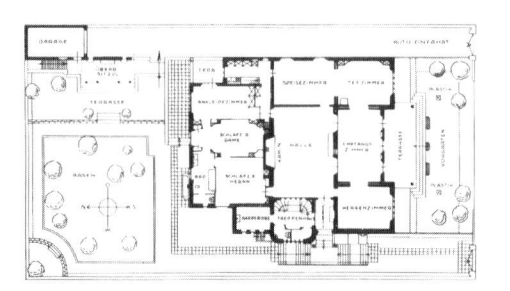

Alexander Koch gehörte von vornherein zu den entschiedenen Förderern und Fürsprechern der Künstlerkolonie. Er war schon im 19. Jh. durch die Herausgabe der Zeitschrift „Innendekoration" hervorgetreten und gab in seinem Verlag aufwendige Dokumentationen der einzelnen Ausstellungen heraus. Durch seine Fürsprache beim Großherzog half er vor allem, die Schwierigkeiten nach der Ausstellung 1901 zu überwinden. Sein eigenes Wohnhaus, das erst erstaunlich spät und ohne Elemente des Jugendstils erbaut wurde, ist heute stark verändert.

Bebauungsplan Hohler Weg

Linke Seite
oben: Isometrie 1910
unten: Bebauungsplan 1910

Rechte Seite
Haus Buxbaum
Richard-Wagner-Weg 40
Baujahr: um 1911
Architekt: August Buxbaum
links: Erdgeschoß
rechts: Ansicht

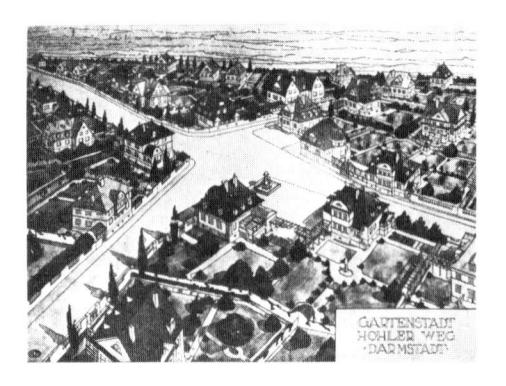

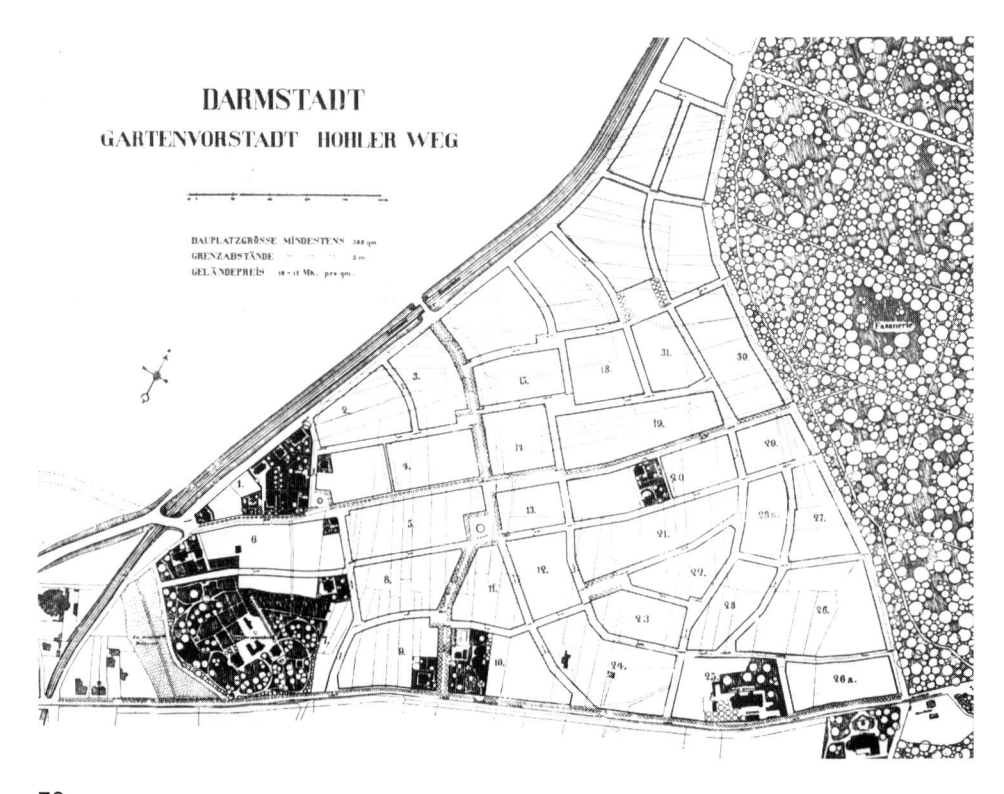

Die ersten Entwürfe für die Überbauung des Gebietes am Hohlen Weg legte bereits im Jahre 1906 J. M. Olbrich vor. Er unternahm damit den ersten größeren Versuch, aus seiner Rolle des Leiters der Künstlerkolonie herauszutreten und in das Baugeschehen Darmstadts ganz allgemein einzugreifen. Der Bebauungsplan wurde der Presse Ende des Jahres 1906 vorgestellt. Es folgt in einem Brief Olbrichs noch die Nachricht, daß sechs Musterhäuser gebaut worden seien. Für die Existenz dieser Gebäude läßt sich jedoch kein Nachweis erbringen.
Das gesamte Projekt scheint vielmehr einige Jahre liegengeblieben zu sein. Erst kurz vor dem Ersten Weltkrieg wurden offenbar einige Bauten errichtet, nachdem der Entwurf von Olbrich weitgehend überarbeitet worden war. Die Neuplanung stammt offensichtlich von August Buxbaum, dem damaligen Stadtbaurat, der vor allem nach dem Ersten Weltkrieg wesentlichen Einfluß auf die Wohnungsbaupolitik der Stadt nahm. Von ihm wurde fast die gesamte Bebauung auf der Nordseite des Rhönrings und des Spessartrings entworfen. Weitere große Wohnanlagen entstanden im gesamten Stadtgebiet.
Das eigene Wohnhaus von Buxbaum muß als eines der ersten Gebäude in dem neu erschlossenen Wohngebiet um 1911 entstanden sein, das von der zeitgenössischen Presse als „Gartenstadt Hohler Weg" bezeichnet wurde. Das Haus weist neben Elemente des Jugendstils eine starke Anlehnung an die traditionelle Architektur, wie sie von Pützer und den Brüdern Metzendorf vertreten wurde, auf. Gleiches gilt für das

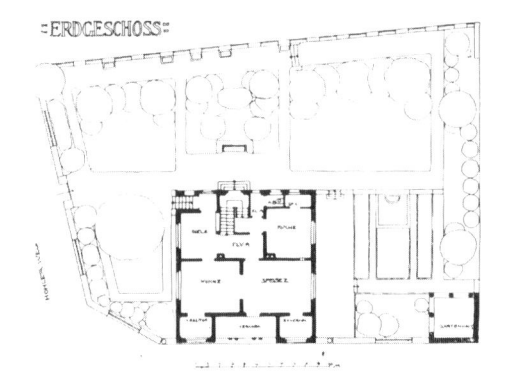

Nachbarhaus Heinrich-Rinck-Weg 2 (Architekt: L. Schäfer).
Mit dem Beginn des Ersten Weltkriegs wurde die Überbauung der Gartenstadt zeitweilig unterbrochen. Der größte Teil der Bausubstanz entstand in den Jahren bis 1930; die östlichen Bereiche wurden erst nach dem Zweiten Weltkrieg überbaut.

75/76/77

Mietwohnungshäuser

oben: Spessartring 16, Ansicht
unten links: Bebauung am Rhönring
unten rechts: Spessartring 12, Ansicht

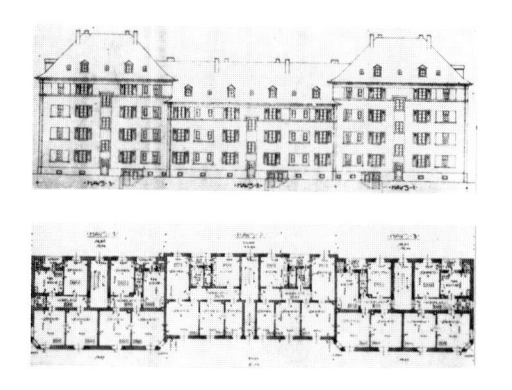

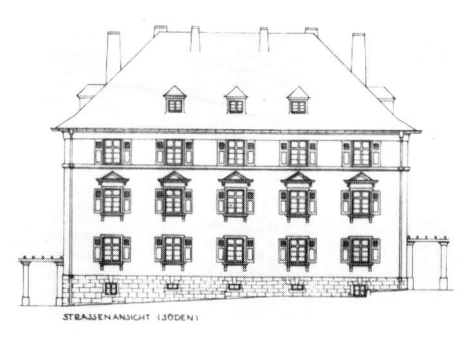

Nach dem Ersten Weltkrieg stagnierte die bauliche Entwicklung Darmstadts zunächst einige Jahre. Erst nach 1924 kam die Wohnungsbautätigkeit langsam wieder richtig in Gang. Neben der weiteren Überbauung des Rhönringviertels, das bereits in der Gründerzeit angelegt worden war, war die Bebauung der Nordseite des Rhönrings und des Spessartrings die größte zusammenhängende Maßnahme. Architekt dieser Bauten war August Buxbaum, der damalige Stadtbaurat. Seit 1924 plante er sämtliche Gebäude, wobei die Bebauung am Westende des Rhönrings begann. Im Gebiet des Washingtonplatzes war außerdem eine Villengebiet geplant.

Mietwohnungshäuser

oben: Bessunger Straße 60 / Ludwigshöhstraße 2
unten links: Eckhardtstraße 26
unten rechts: Bessunger Straße 60 / Ludwigshöhstraße 2, Grundrisse

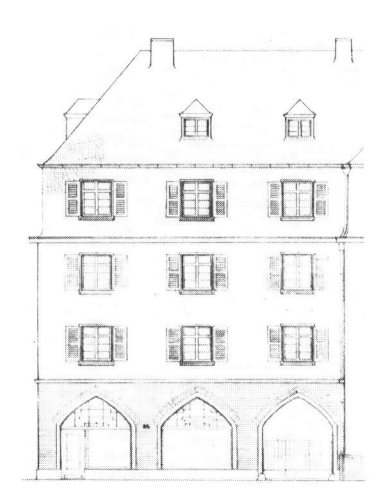

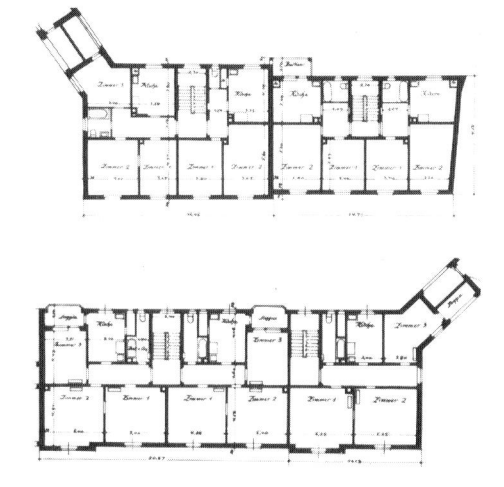

Gegen Ende der 20er Jahre wurden verschiedene Großanlagen, die den Wiener Blocks vergleichbar sind, gebaut, von denen sich zwei Komplexe noch erhalten haben. Einer dieser Blocks steht am Ostbahnhof. Architekt war ebenfalls August Buxbaum. Die zweite Anlage in der Bessunger Straße wurde 1938/39 von Albin Müller und seinen Büropartnern errichtet. Eine weitere Anlage entstand in der Feldbergstraße.
Mit diesen Bauten war die Bautätigkeit in Darmstadt bis zum Zweiten Weltkrieg im wesentlichen beendet. Von 1930 bis 1945 entstanden keine beachtenswerten Bauten mehr.

80/81

Mietwohnungshaus
Schachtstraße 2 – 8
Baujahr: 1926
Architekt: Kleinschmidt
Ansicht

Mietwohnungshaus
Roßdörfer Straße 126 – 128
Baujahr: 1930
Architekt: Rudolf Schäfer
Ansicht

Expressionistische Architektur (von Mohamed Scharabi)

Die Wohnhäuser sind Beispiele einer Stilrichtung, die als Architektur des Expressionismus bezeichnet wird. Der Expressionismus strebt die Überbetonung des Ausdrucks an. Seine Vertreter sind bemüht, die Kontinuität der Tradition zu wahren und eine nationale Bauform zu entwickeln. Er wird Mitte der 20er Jahre vom Internationalen Stil abgelöst. Seine Ausläufer finden jedoch einen Widerhall in der Architektur des Dritten Reichs.
Bezeichnend für diese Architektur ist die betonte Individualität der Lösung, die kontrastreiche Gestaltung sowie das Streben nach monumentaler Plastik. Dabei machen sich eine immer stärkere Vorliebe für spitze Winkel und eine Überbetonung der Vertikalen bemerkbar.

Wohnhaus
Hindenburgstraße 15
Baujahr: 1925 (?)
Architekt: unbekannt
Ansicht

Wohnhaus
Freiligrathstraße 3
Baujahr: 1928
Architekt: August Bläsing
Ansicht

Diese Merkmale sind bei dem Mietshaus der Schachtstraße deutlich zu erkennen. Die Verwendung des Backsteins bei diesem Bau und bei dem Mietshaus in der Roßdörfer Straße als Hauptbaustoff und als Hauptgestaltungsmittel kommt dem Ideal des Expressionismus, wie wir ihn bei Höger, Kreis und der Amsterdamer Schule kennen, sehr entgegen. Aber auch Beispiele für den Putzbau im Sinne des Expressionismus sind in Darmstadt anzutreffen. Das Einfamilienhaus der Hindenburgstraße erinnert in seiner differenzierten Formensprache an Otto Bartning und Wilhelm Riphan. Das Einfamilienhaus in der Freiligrathstraße bildet den Abschluß und Ausklang der expressionistischen Ära. Bedeutend sind hier nicht nur die Betonung der Vertikalität und der Zweigeschossigkeit durch die Dachausbildung und den Putzvorsprung, sowie die Vorliebe für den spitzen Winkel, sondern auch der Hang zur traditionellen, klassizistisch gefärbten Bauform.

Krankenhaus des Elisabethenstifts
Landgraf-Georg-Straße 100
Baujahr: 1928–1929
Architekten: Markwort & Seibert

oben: Ansicht um 1950
unten: Erdgeschoßgrundriß

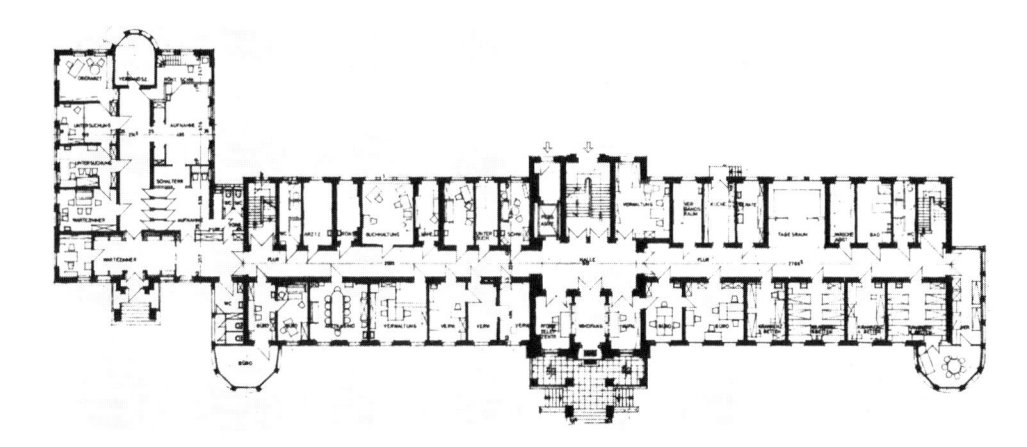

Der Bau entstand 1928–1929 als Krankenhaus des seit 1858 bestehenden Elisabethenstifts. Der Altbau wurde im linken Gebäudetrakt in den Neubau integriert. Die Architektur zeigt teilweise Elemente des Expressionismus.
Der ursprüngliche Bau mit den zwei halbrunden Erkern an den Gebäudeecken wurde 1977 durch O. Dörzbach im Westen um einen Untersuchungs- und Behandlungstrakt und weitere Zimmer erweitert.

Kriegszerstörungen
Luftbild der Innenstadt 1945

Durch mehrere Luftangriffe in den Jahren 1944 und 1945 wurde die Innenstadt von Darmstadt fast vollkommen zerstört. Der größte Teil der heute noch vorhandenen Monumente ist wiederaufgebaut, die alte Wohnbebauung ist verloren. Von der alten Stadtstruktur ist lediglich der Stadtgrundriß geblieben, der im Bereich der Altstadt teilweise stark geändert wurde. Die wichtigen Monumente wurden weitgehend originalgetreu wiederhergestellt, die übrige Bebauung ist in zeitgenössischem Stil errichtet.

Darmstädter Meisterbauten

Die Zeit nach dem Zweiten Weltkrieg bot die Chance eines neuen Anfangs. Vielerorts wurde jedoch lediglich die Notwendigkeit des Wiederaufbaues gesehen. Die Stadt Darmstadt erinnerte sich ihrer Tradition als Ort der Kunst und Architektur. Unter ausdrücklicher Berufung auf die Ausstellung der Darmstädter Künstlerkolonie von 1901 wurde in der Zeit vom 4. August bis 16. September 1951 die Ausstellung „Mensch und Raum" auf der Mathildenhöhe gezeigt.
„Ihr Inhalt und ihre Gliederung wurden bestimmt durch das Thema, durch den Wunsch, die Tat von 1901 als historisches Ereignis mit den direkten und indirekten Folgen... darzustellen, und durch die Absicht, in diesem Zusammenhang die Leistung von 1951, die Entwürfe ‚Meisterbauten Darmstadt' zu zeigen. So ergaben sich die Ab-Teilungen Baukunst 1901–1951, Kunsthandwerk, Meisterbauten Darmstadt 1951" (Zitat Mensch und Raum). Die Ausstellung auf der Mathildenhöhe und das 2. Darmstädter Gespräch im August 1951 sollten eine thematische Einheit bilden. Das Gespräch begann mit verschiedenen Vorträgen über grundsätzliche Aspekte zum Thema Mensch und Raum. Referenten waren: Otto Ernst Schweizer, Rudolf Schwarz, Martin Heidegger und José Ortega y Gasset. Im Anschluß an die Diskussionen über die angesprochenen Problemkreise wurden die Meisterbauten, zumeist von den Verfassern, erläutert.
Die Darmstädter Meisterbauten waren typische Bauaufgaben der Zeit, zu deren exemplarischer Lösung namhafte Architekten aus dem In- und Ausland beauftragt wurden. Insgesamt wurden elf Planungsaufträge vergeben. Dabei handelte es sich um Schul-, Kindergarten-, Wohnungs-, Krankenhaus-, Verwaltungs- und Kulturbauten. Ein wesentliches Merkmal der Meisterbauten war es, daß sie überwiegend durch die Stadt Darmstadt finanziert werden sollten. Dieses Vorhaben überstieg aber die materiellen Möglichkeiten der Stadt, so daß von den elf Planungen nur die Entwürfe der Frauenklinik (85), des Ledigenheimes (86), des Ludwig-Georg-Gymnasiums (87) und der Georg-Büchner-Schule (88) realisiert werden konnten. Dazu kam als fünfter Bau die „Kinderwelt", die Franz Schuster am Hohlen Weg/Kittlerstraße errichtete. Grundlage war sein Entwurf für den Kindergarten mit Kinderhort und Kinderkrippe (Abb. S. 81 oben links), dieser Plan wurde allerdings sehr stark verändert. Die Anlage ist derzeit in schlechtem baulichen Zustand. Einige Verfasser der nicht realisierten Projekte wurden im späteren Verlauf mit anderen Bauaufgaben in Darmstadt betraut. So erstellte Peter Grund einen Teil der Frauenklinik, der an den Bauabschnitt von Otto Bartning und Otto Dörzbach anschließt. Franz Schuster war später auch beratender Architekt beim Bau des Justus-Liebig-Hauses, einem frühen Typ von Bürgerhaus.
Der Entwurf von Hans Scharoun für eine Volksschule wurde zwar nicht gebaut, ist aber bis heute eine vieldiskutierte Planung geblieben. Scharoun wollte die Bewußtseinsstufen des Kindes durch die Architektur anschaulich machen. Er stellte den Organismus der Schule in einen Zusammenhang mit dem Organismus der Stadt. Beide sind nach Scharoun Organe einer Gesellschaft. In der Umsetzung brachten diese Überlegungen einen freien Grundriß. Nicht die Geometrie oder die Organisation der Masse und der Technik sollten ein Bauwerk gestalten, sondern die Form sollte aus dem vielschichtigen Wesen einer Schule, ähnlich wie die Formen in der Natur aus den individuellen Lebensbedingungen, hervorgehen. Die Definition der Benutzergruppen bekam mit der Differenzierung nach Altersgruppen eine neue Dimension. So sollten die Klassen für die Altersgruppe 6–9 Jahre nach Süden orientiert sein, um mit der Sonne und dem Licht einen höhlenartigen Raumeindruck zu gewinnen. Die Alters-

gruppe 9-12 Jahre, die sich in der Phase des Begreifens und Erkennens befindet, sollte eindeutig begrenzte Raumverhältnisse vorfinden, während für die 12-14jährigen, die in der Persönlichkeitsfindung stehen, im Norden liegende Räume, die sich nach außen hin — zu der Umwelt — orientieren, vorgesehen waren.
Eine ähnliche Kraft wie der Scharounsche Entwurf strahlte auch der ebenfalls nicht realisierte Entwurf von Paul Bonatz für eine Tonhalle aus. Sie sollte mit drei Sälen am Wilhelminenplatz entstehen. Bonatz nutzte die vorgegebene Geländesituation mit dem Gefälle nach Westen aus und plante ein Konzerthaus, das an das klassische Vorbild des Amphitheaters erinnerte. Er schlug z. B. für den großen Saal, der ca. 1100-1200 Zuschauer aufnehmen sollte, eine muschelförmige Raumform mit nach oben ansteigenden Sitzreihen vor, um ein gleichwertiges und zusammenhängendes Platzangebot und einen insgesamt festlichen Raum zu erreichen. Diese Raumform beinhaltete in schalltechnischer Hinsicht den Vorteil eines geschlossenen Klangkörpers. Die Formgebung war von Bonatz bewußt auf die Stilmittel der Klassik aufgebaut, da er der Meinung war, daß dies bei Bauaufgaben für festliche Anlässe geboten sei. Durch den Bezug auf die Klassik stellte er einen Gegenpol zu den Diskussionsbeiträgen aus dem vorangegangenen Darmstädter Gespräch dar, wo festgestellt wurde, daß die Klassik überwunden sei.
Das gesamte Spektrum der Meisterbauentwürfe erbrachte richtungweisende Beispiele für eine Weiterentwicklung der Architektur nach dem Zweiten Weltkrieg, auch über Darmstadt hinaus.
Neben den Planungen der namhaften Architekten wurden in der Ausstellung auch Entwürfe von Studenten zu den gleichen Themen gezeigt. Der somit geschaffene Bezug zwischen den verschiedenen Generationen von Architekten rundete den gelungenen Versuch einer grundsätzlichen Architekturdiskussion ab.

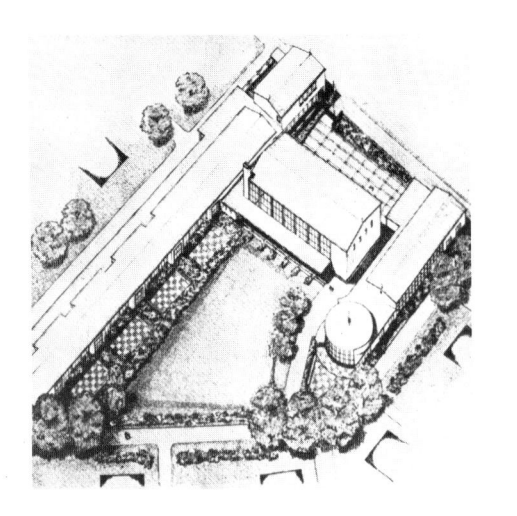

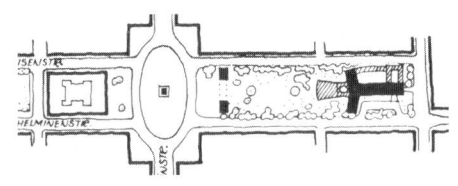

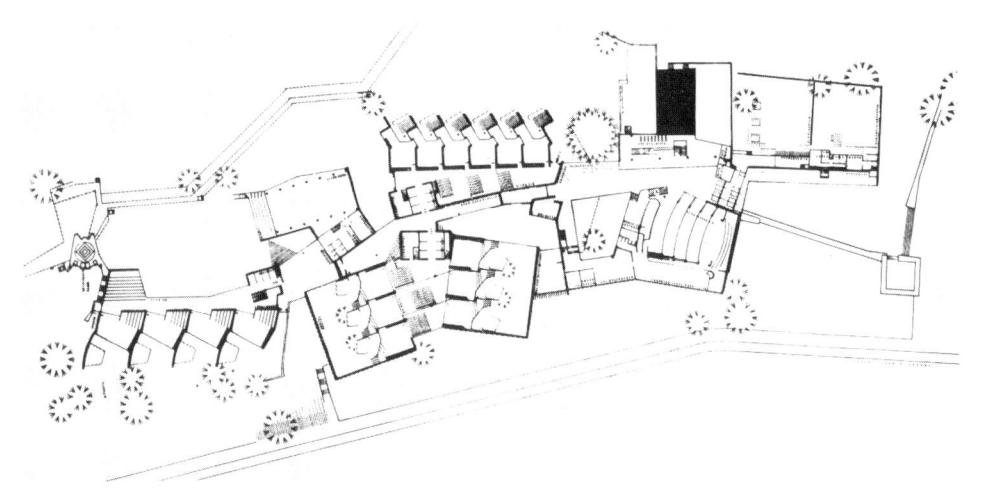

Darmstädter Meisterbauten, nicht realisierte Entwürfe

oben links: Grundschule mit Kindergarten zwischen Eschollbrücker und Bessunger Straße, Isometrie
Architekt: Willem M. Dudok, Hilversum

oben rechts: Stadthaus im Palaisgarten, Lageplan mit Luisenplatz und Modellansicht
Architekt: Peter Grund, Darmstadt
unten: Volksschule an der Landgraf-Georg-Straße, Grundriß
Architekt: Hans Scharoun, Berlin

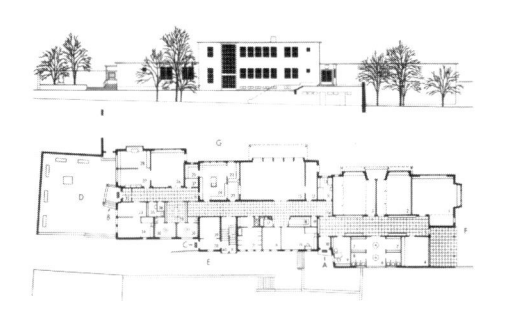

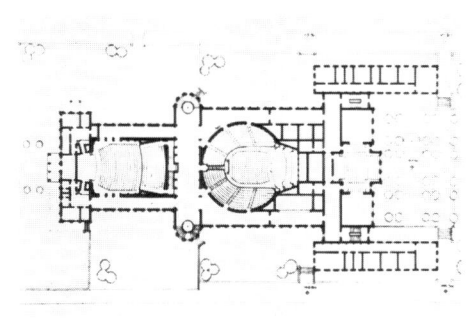

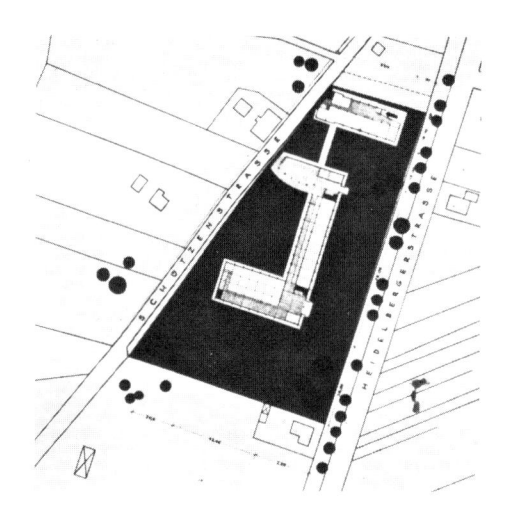

oben links: Kindergarten mit Kinderhort und Kinderkrippe in der Müllerstraße, Ansichtszeichnung und Grundriß
Architekt: Franz Schuster, Wien
unten links: Volksschule mit Kindergarten in Darmstadt-Eberstadt, Eingangsgeschoß
Architekt: Otto Ernst Schweizer, Karlsruhe

oben rechts: Tonhalle am Wilhelminenplatz, Grundriß Obergeschoß
Architekt: Paul Bonatz, Stuttgart
unten rechts: Mädchenschule mit Mädchenberufsschule am Kapellplatz, Isometrie
Architekt: Rudolf Schwarz, Frankfurt am Main

Frauenklinik
Bismarckstraße 28
Architekten: Otto Bartning
Otto Dörzbach
Bauzeit: 1952–1954

oben: Gartenansicht
unten links: Modellfoto
unten rechts: Normalgeschoßgrundriß und Ansichtszeichnung Gartenfront

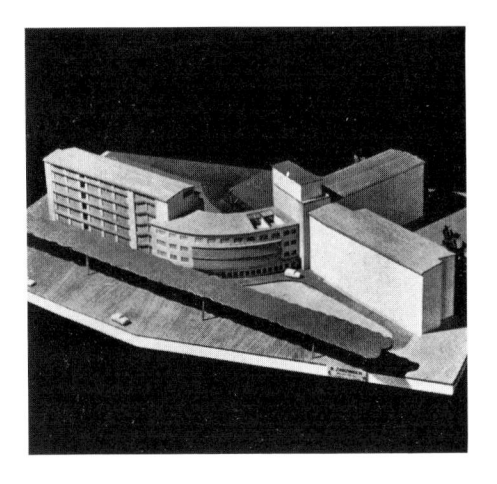

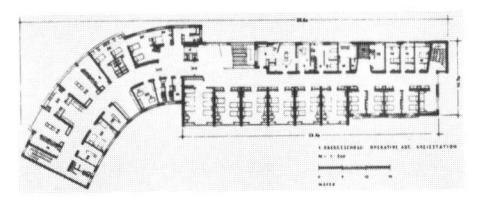

Es war Ziel der Planung, mit dem neu zu schaffenden Baukörper die auf dem Grundstück bereits vorhandenen Bauten des Krankenhauses ordnend zusammenzufassen. Der entlang der Bismarckstraße verlaufende Bogen sollte hierbei als Rückgrat der gesamten Anlage wirken. Diese Konzeption ist nur im Ansatz ausgeführt. In einem späteren Bauabschnitt wurde der geschwungene Baukörper nicht mehr weitergeführt. Seine Gestalt gewinnt der Meisterbau durch die Hervorhebung unterschiedlicher Zimmertiefen und den starken Akzent des Treppenhauses. Diese Elemente und die feingliedrige Fassadenteilung bestimmen die Erscheinung des Bauwerkes.

Ledigenheim
Pützerstraße 6
Architekt: Ernst Neufert
Bauzeit: 1952–1955

oben: Ansicht von der Pützerstraße
unten links: Ansichts- und Schnittzeichnung
unten rechts: Grundriß Eingangsgeschoß

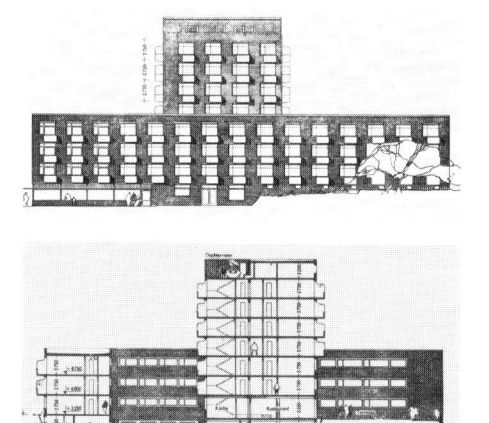

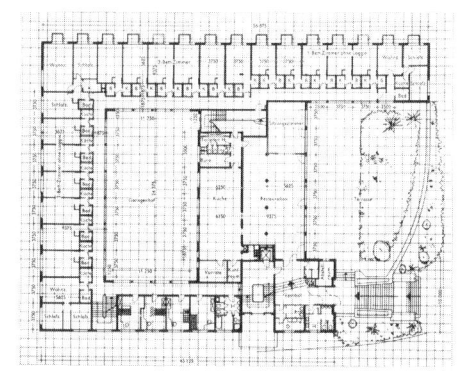

Das Appartement-Haus besteht aus einem siebengeschossigen Hochbau, der U-förmig von einem drei- bis viergeschossigen Nebenbau umschlossen wird. Der entstandene Hof wird zur Küchenanlieferung und Garagenzufahrt genutzt. Im Erdgeschoß liegt ein Restaurant, das sich zu der großen Terrasse an der Eingangsseite öffnet. Der Planung liegt ein Quadratraster von 1,25/1,25 m zugrunde. Wesentliches Kennzeichen des Baues ist die materialgerechte Anwendung der Klinker mit ihren vielfältigen Farbnuancierungen und deren Kontrast zu den Betonbrüstungen der Balkone.

Ludwig-Georg-Gymnasium
Nieder-Ramstädter Straße 2
Architekt: Max Taut
Bauzeit: 1952 – 1955

oben: Ansicht von der Nieder-Ramstädter Straße
unten links: Grundriß Normalgeschoß und Ansichtszeichnung (1951)
unten rechts: Grundrißausschnitt Eingangsgeschoß (1951)

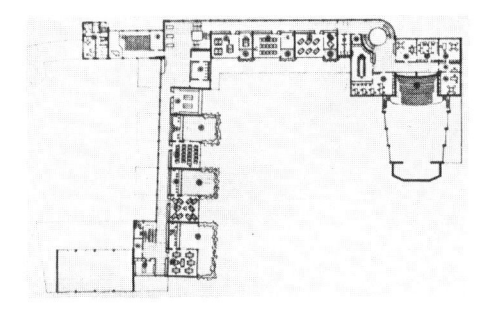

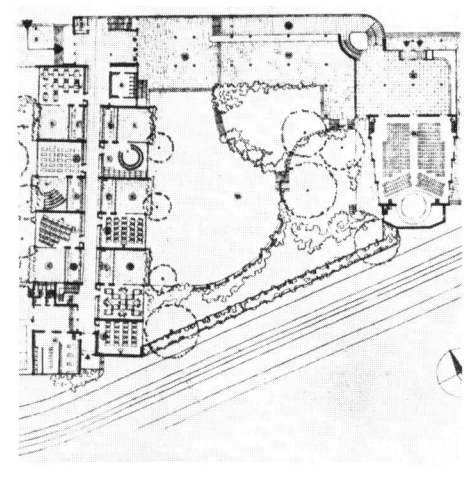

Das relativ kleine, innerstädtische Schulgrundstück liegt zweiseitig an stark befahrenen Straßen. Diese Lage beeinflußte die Planung eines funktionalen Baues mit gestapelten Geschossen, ohne auf die anerkannten Vorteile einer Freiluftschule verzichten zu müssen. Durch eine wabenartige Versetzung sollte jeder Klassenraum auch in den Obergeschossen einen separaten Freiraum erhalten. Die Konzeption sah eine Rationalisierung durch genormte Bauelemente vor. Von den ursprünglichen Überlegungen blieb die Idee der ausgefachten Betonrahmenkonstruktion in der Ausführung erhalten. Andere Planungsabsichten wurden während einer Überarbeitungsphase geändert.

Georg-Büchner-Schule
Nieder-Ramstädter Straße 120
Architekt: Hans Schwippert
Bauzeit: 1958–1960

oben: Ansicht von der Nieder-Ramstädter Straße
unten links: Lageplan
unten rechts: Systemgrundriß und Systemschnitt

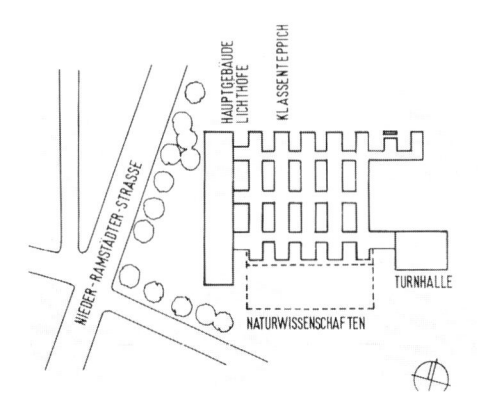

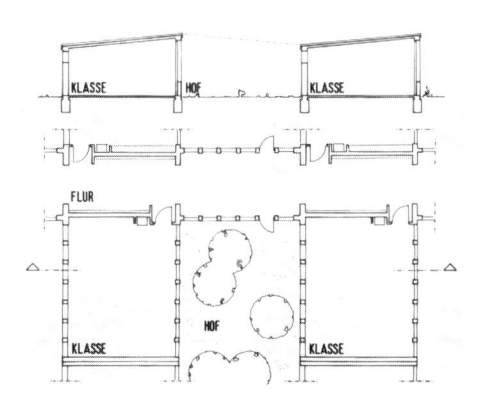

Im bewußten Gegensatz zum Scharounschen Entwurf für eine Volksschule sollte im gymnasialen Bereich keine Trennung nach Altersgruppen erfolgen, sondern ein gleichwertiges Angebot für eine Gemeinschaft der Schüler entstehen. An ein zweigeschossiges Kopfgebäude, in dem die Fachunterrichtsräume und die Verwaltung untergebracht sind, wurde ein eingeschossiger Klassenteppich mit gleichen Klasseneinheiten angegliedert. Dieser Klassentrakt wird über Flure erschlossen und nimmt durch die Innenhöfe die umgebende Parklandschaft auf. Die aufgelockerte, weitgehend erdgeschossige Baustruktur relativiert die tatsächliche Größenordnung dieses Gymnasiums.

85

BAUTEN AB 1950

Planerhof/Planstatt
Dieburger Straße 216
Architekt: Ernst Neufert
Bauzeit: Planerhof 1950
 Planstatt 1955 – 1956

oben: Ansicht Planstatt
unten links: Grundriß Planerhof
unten rechts: Grundriß Planstatt

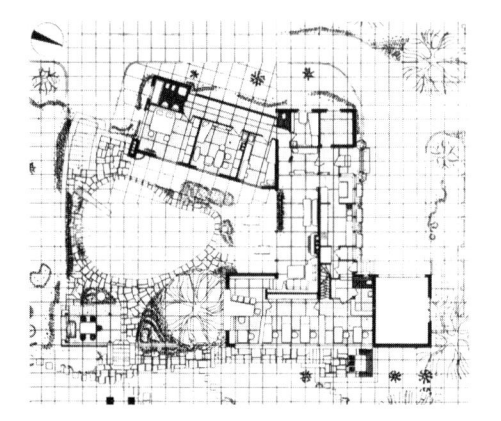

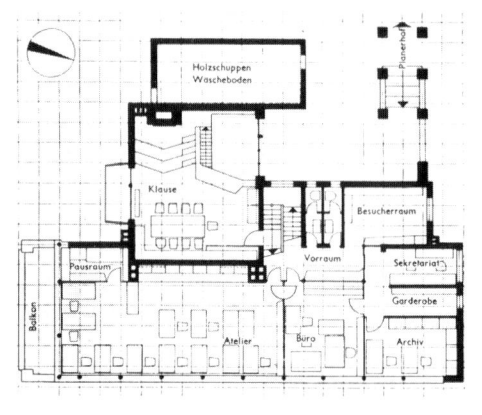

Mit dem Planerhof und der Planstatt wird eine Tradition des Bauhauses fortgesetzt, Wohn- und Arbeitsstätten in einen engen räumlichen Zusammenhang zu bringen. Der Planerhof beinhaltet Wohnung und Atelier des Architekten. Der winkelförmige Bau umschließt einen idyllischen Hof, der sich zur Planstatt hin öffnet. In diesem dreigeschossigen Gebäude befinden sich Wohnungen und im großzügig verglasten Ateliergeschoß weitere Büroflächen. Durch die verwendeten Materialien Klinker, Holz, Glas und durch die ausgeglichene formale Gestaltung ist eine harmonische Einfügung der Gebäude in die Umgebung gelungen.

Kreis- und Stadtsparkasse
Rheinstraße 10 (Luisenplatz)
Architekt: Ernst Samesreuther
Bauzeit: 1955 – 1956

oben: Ansicht vom Luisenplatz
unten links: Schalterhalle
unten rechts: Grundriß Eingangsgeschoß

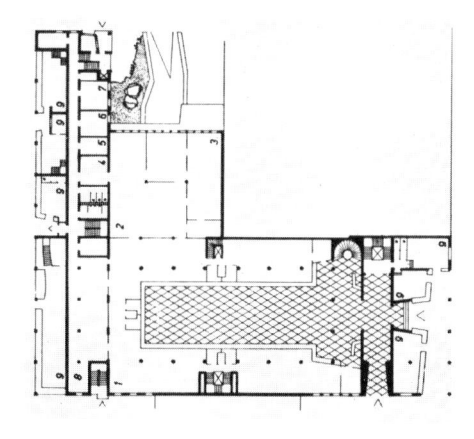

Das Gebäude der Stadt- und Kreissparkasse markiert einen städtebaulich wichtigen Punkt der Innenstadt, die Einmündung der Rheinstraße in den Luisenplatz. Keller, Erdgeschoß und erstes Obergeschoß sind Nutzungsflächen der Sparkasse, die weiteren Geschosse des Hauptgebäudes beinhalten vermietbare Büro- und Praxisräume. In der Erdgeschoßzone sind unter den Arkaden an der Rheinstraße und an der Passage zum Alten Landtag verschiedene Läden eingerichtet. Die Skelettbauweise, die Gliederung des Gebäudes mit der Aufständerung des Erdgeschosses und die Materialwahl zeigen die anerkannten Elemente der Architektur der fünfziger Jahre.

**Wasserbauhalle der
Technischen Hochschule**
Landgraf-Georg-Straße
Architekt: Ernst Neufert
Bauzeit: 1955 – 1956

oben: Ansicht von der Landgraf-Georg-Straße
unten links: Ansichts- und Schnittzeichnung
unten rechts: Grundriß und Ansichtszeichnung

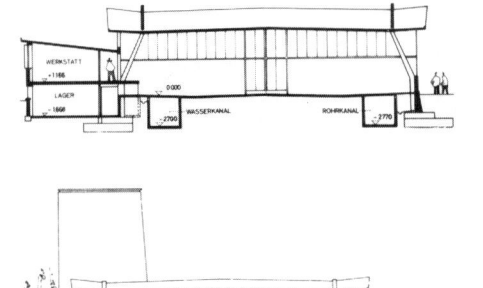

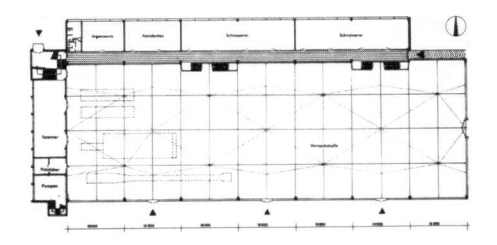

Das Institutsgebäude der Technischen Hochschule dient zur praktischen Versuchsdurchführung und für spezielle Untersuchungen im Bereich der Lehre und Forschung auf dem Gebiet des Wasserbaues. An einer Längs- und einer Querseite sind zweigeschossige Bauteile angeordnet, die Werkstätten, Seminar- und Arbeitsräume beinhalten. Dominierend sind der 15 m hohe Wasserturm und die Schalendachkonstruktion über der Versuchshalle. Die im Raum stehenden Stützen sind im oberen Bereich nach innen gezogen, hiermit wird die Stützweite der Deckenschalen verringert und die Transparenz der Fassade voll erhalten.

Kunsthalle
Steubenplatz 1
Architekt: Theo Pabst
Baujahr: 1956
Erweiterung: 1965

oben: Ansicht von der Rheinstraße
unten links: Ansichtszeichnungen
unten rechts: Grundriß Eingangsgeschoß

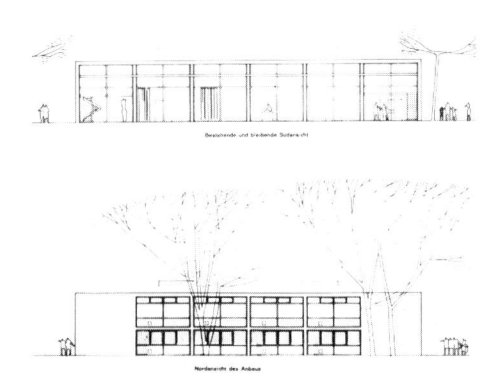

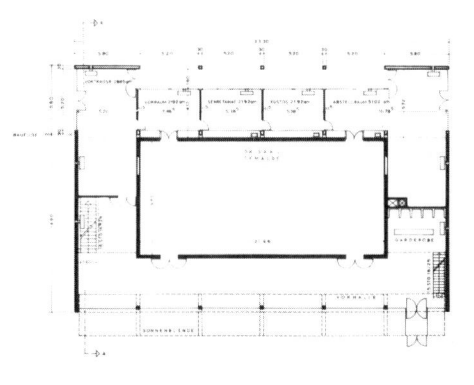

Das Ausstellungsgebäude des Kunstvereins Darmstadt wurde 1956 an der Stelle des im Krieg zerstörten Kunstgebäudes am Rheintor errichtet. Grundlage hierfür war der 1. Preis eines öffentlichen Architekturwettbewerbs. Nach mehrjähriger Nutzung erweiterte der gleiche Architekt das Gebäude um Büroräume und die Galerie im Obergeschoß. Die klare, einfache Grundrißorganisation ist in der reduzierten Gestaltung des Baukörpers und der Fassaden ablesbar. Die Kunsthalle öffnet sich mit großen Fensterflächen zur stark frequentierten Rheinstraße. Die Lage in einer Grünfläche und der Vorhof tragen entscheidend zur Atmosphäre bei.

93

Haus Pabst
Dieburger Straße 146
Architekt: Theo Papst
Baujahr: 1957
Erweiterung: 1966

oben: Gartenseite
unten links: Lageplan
unten rechts: Grundriß

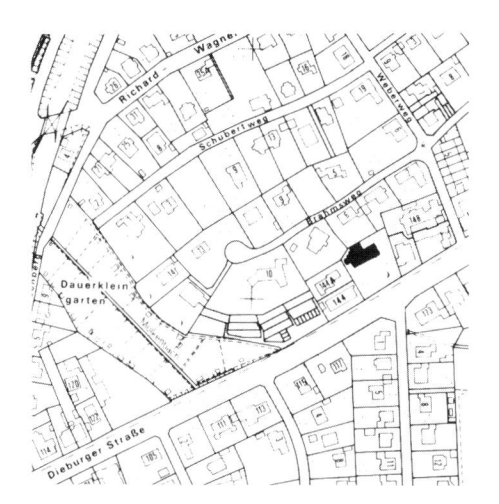

Das Wohnhaus liegt auf einem schönen Südhang mit dem alten Baumbestand des Parkgeländes am Breitwiesenberg. Trotz bescheidener Größe ist der Grundriß in funktionale Zonen aufgeteilt. Um den Wohn- und Eßteil sind winkelförmig der „Schlaftrakt", der Eingang mit den Nebenräumen und die Küche angeordnet. Die Klarheit des kubischen Hauses mit Flachdach wird durch die vorgelagerte Terrasse und eine schattenspendende Pergola überspielt. Dieser Bau ist wie der der Kunsthalle am Steubenplatz durch den Stil der internationalen Architektur des Funktionalismus geprägt.

Prüfhalle des Technischen Überwachungsamtes
Rüdesheimer Straße 119
Architekt: Staatsbauamt Darmstadt
　　　Ltg. Wilhelm Tuch
Baujahr: 1959

oben: Ansicht
unten links: Schnitte
unten rechts: Grundriß

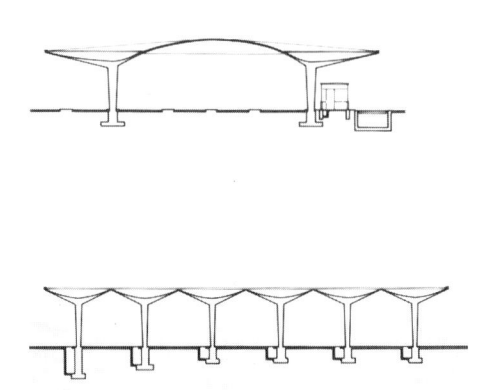

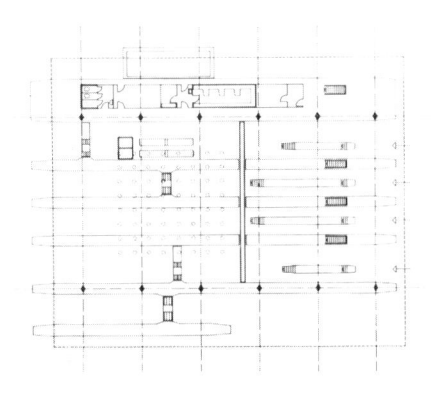

Die Halle wird aus sechs gleichen Elementen gebildet. Jedes der doppelt gekrümmten Schalenelemente besitzt einen geraden Rand, der innerhalb einer horizontalen Ebene liegt und deshalb eine leicht zu erstellende Verbindung der Schalenteile zuläßt. Die konkav und konvex gebogene Mittellinie entspricht der Momentenlinie eines Trägers auf 2 Stützen mit doppeltem Kragarm. Mit einer Schalenstärke von 10 cm wurde eine Spannweite von 20,50 m erreicht. Wegen der aus der Konstruktion abgeleiteten formalen Durchbildung hat das Gebäude in der Fachwelt der Architekten und Ingenieure große Beachtung gefunden.

Industrie- und Handelskammer
Rheinstraße 89
Architekt: Heinrich Bartmann
Bauzeit: 1959 – 1961
Erweiterung: 1971 – 1973
Architekten: Fritz und Christa
  Seelinger

oben: Ansicht von der Rheinstraße
unten links: Erweiterung Isometrie
unten rechts: Erweiterung Ansichtszeichnung

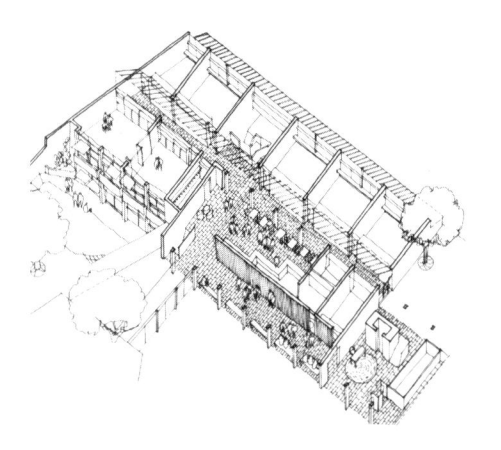

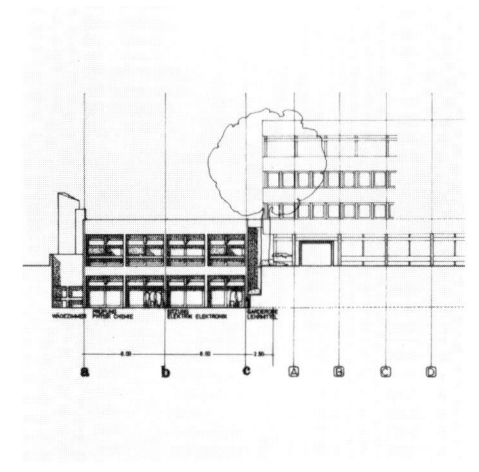

Der 1. Bauabschnitt des Gebäudes basiert auf dem 1. Preis eines beschränkten Architekturwettbewerbs. Der horizontal gegliederte Baukörper wird durch helle, bandartige Brüstungen bestimmt. Der klar ablesbare Kubus steht auf Stützen und bezieht durch das zurückgesetzte Erdgeschoß die umgebende Parklandschaft ein. Typisches Merkmal der funktional betonten Architektur ist die Aussonderung des Vortragssaals aus dem Regelgeschoß der Büronutzfläche. Über 10 Jahre später entstand als Erweiterung das neue Ausbildungszentrum. Als linear entwickelter Trakt ist es über ein durchlaufendes Glasdach mit dem 1. Bauteil verbunden.

Sporthalle der Technischen Hochschule
Nieder-Ramstädter Straße
(am Hochschulstadion)
Architekt: Staatliches Hochschulbauamt, Ltg. Christoph Köhler
(Günter Koch)
Bauzeit: 1962–1964

oben: Ansicht vom Hochschulstadion
unten links: Schnitte
unten rechts: Grundriß

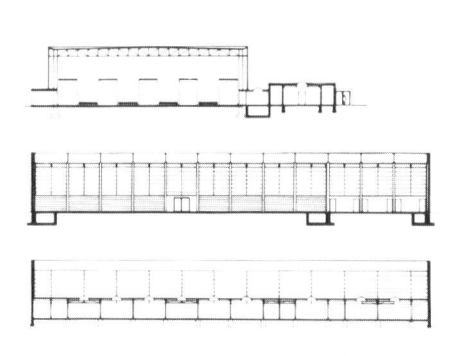

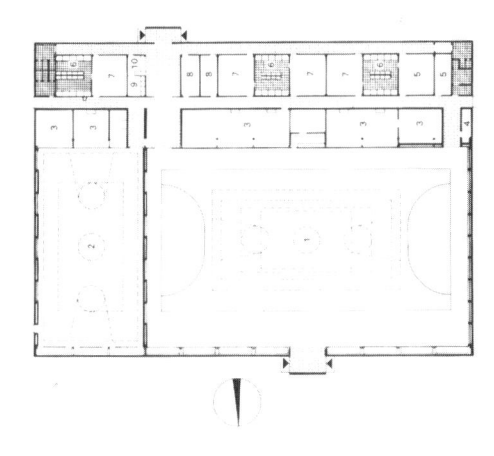

Die Sporthalle besteht aus einer großen Spielhalle und einer Turn- und Gymnastikhalle, beide Teile sind ganzjährig für den studentischen Sportbetrieb nutzbar. Der Flachbau an der Südseite beinhaltet Geräte-, Umkleide- und Nebenräume. Hier liegt auch der Zugang für die Sportler. Die Erschließung für die Zuschauer liegt an der Nordseite. Die Hallenbinder sind als Stahlfachwerke in den Innenraum gestellt, hiermit wird eine blendfreie Deckenbeleuchtung erreicht und die Blendwirkung der Verglasung in Spielrichtung gemindert. Große Glasfassaden ergeben die Illusion einer offenen Halle, Innen- und Außenraum sind sehr gut miteinander verbunden.

Deutsches Rechenzentrum
Rheinstraße 75
Architekt: Staatliches Hochschulbau-
          amt, Ltg. Friedrich Holz
          (Günter Koch)
Baujahr: 1963

oben: Ansicht von der Rheinstraße
unten links: Lageplan
unten rechts: Grundriß Eingangsgeschoß und Schnitt

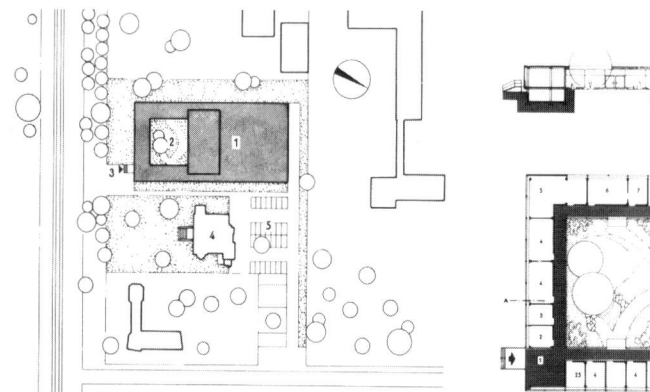

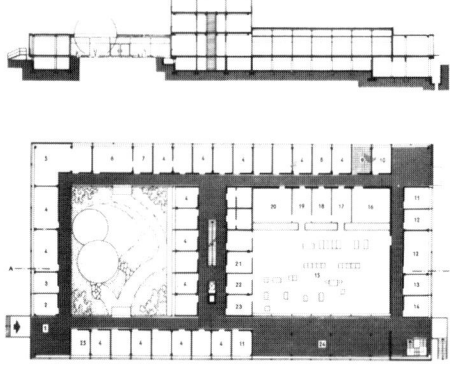

Die funktionellen Erfordernisse der großen Rechenanlage ergaben eine vollklimati-
sierte und stützenfreie Halle von 500 qm Größe in enger Zuordnung zu Büroräumen
und sonstigen Betriebsräumen. Die Halle liegt im Zentrum des Erdgeschosses, sie
wird flankiert von einer großräumigen Besucherhalle und ist von kleineren Betriebsräumen umgeben. Über der Mittelzone sind zwei Obergeschosse angeordnet mit
Büroräumen, Sitzungszimmern und Sekretariaten. Der horizontal gegliederte Baukörper ordnet sich mit seinen hellen Sichtbetonbrüstungen und dunklen Fenstern sehr
gut in die umgebende Parklandschaft ein.

Bebauungsplan Eberstadt-Süd
Planungsbeginn: 1963

Für den Stadtteil Eberstadt wurden zur Erweiterung des Wohnungsangebotes in drei Phasen Bebauungspläne erstellt. Der erste Bauabschnitt Süd I umfaßt den an die alte Bebauung anschließenden Teil bis zur Kirchstraße. Der Bebauungsplan für Süd II entstand in Zusammenarbeit des Stadtplanungsamtes mit den Architekten Flache und Hansen. Für die Bebauung des Gebietes Eberstadt-Süd III wurde ein Architekturwettbewerb ausgeschrieben, bei dem die Architekten Borchers, Raschke und v. Wehrden mit dem ersten Preis ausgezeichnet wurden. Mit diesem Wohngebiet für 2500 Einwohner wurde ein städtebaulicher Abschluß im Süden Darmstadts geschaffen.

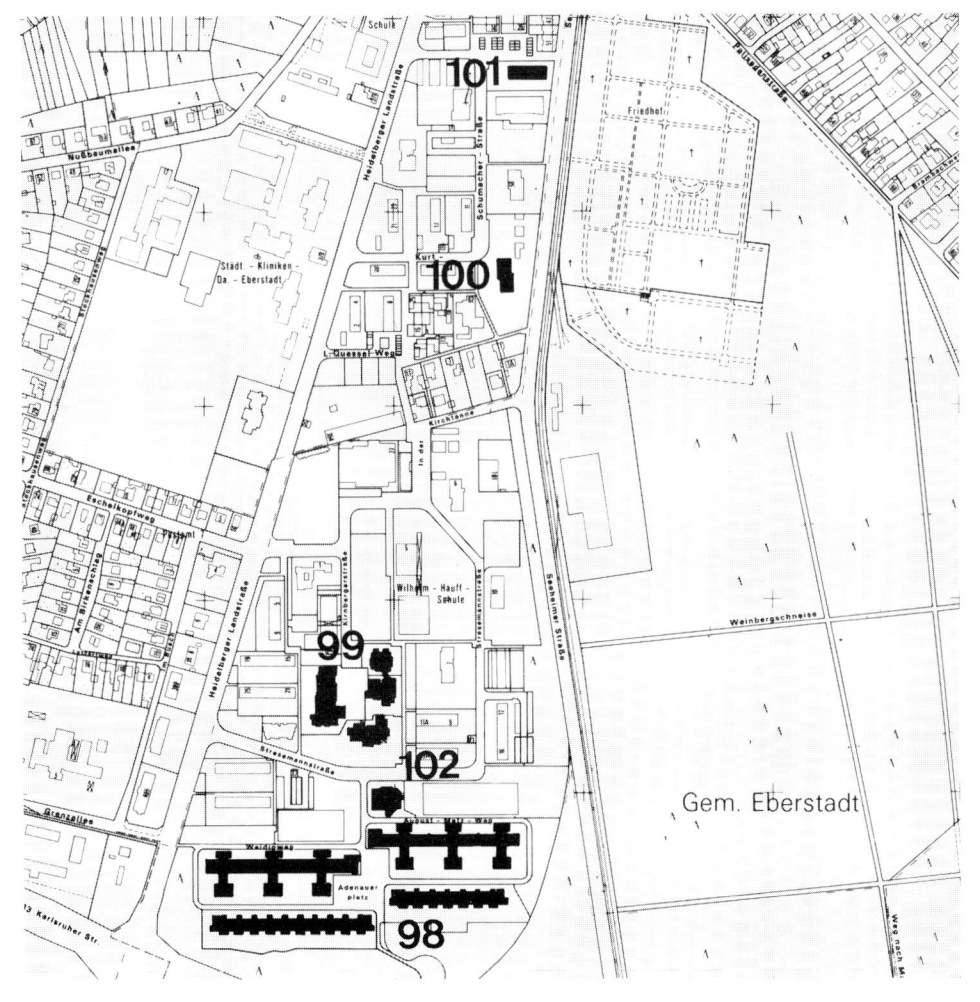

98/99/100

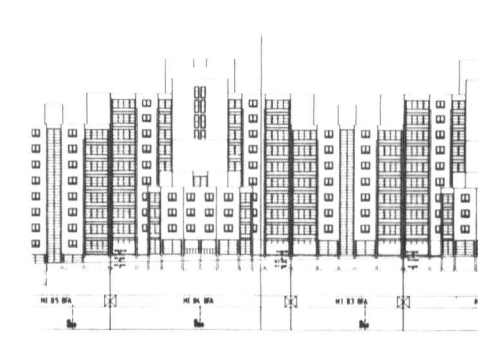

Wohnanlage Eberstadt-Süd
Adenauerplatz
Architekten: Wilfried Borchers
　　　　　　 Holger Raschke
　　　　　　 Herbert v. Wehrden
Fertigstellung: 1976

Wohnanlage mit Jugendzentrum
Stresemannstraße
Architekt: Rolf Poth
Fertigstellung: 1972
unten links: Ansicht Wohngebäude

oben links: Ansicht Eigentumswohnungen
oben rechts: Ansichtszeichnung Mietwohnungen

Wohnhochhaus Eberstadt
Kurt-Schumacher-Straße 60
Architekt: Horst E. Halbig
Fertigstellung: 1965
unten rechts: Ansicht Hauptfassade

101/102

Terrassenwohnhaus
Kurt-Schumacher-Straße
Architekt: Rolf Poth
Fertigstellung: 1973

links: Südseite
rechts: Ostseite

Dieses Mehrfamilienhaus entstand im Rahmen des sozialen Wohnungsbaues. Bemerkenswert ist die separate Erschließung aller Wohneinheiten. Die Zugänge zu den beiden unteren Geschossen befinden sich auf Straßenniveau, dieses Erschließungsprinzip wird für das 2. und 3. Geschoß über einen Laubengang wiederholt.

Hallenbad
Stresemannstraße
Architekt: Rolf Poth
Fertigstellung: 1978

unten: Gesamtansicht von der Straße

103

**Institute für Geologie,
Geographie und Mineralogie
der Technischen Hochschule**
Botanischer Garten
Architekten: Karl Heinz Schelling
    Oskar Dörr
Bauzeit: 1963 – 1965

oben: Hauptansicht
unten links: Lageplan
unten rechts: Grundriß Eingangsgeschoß

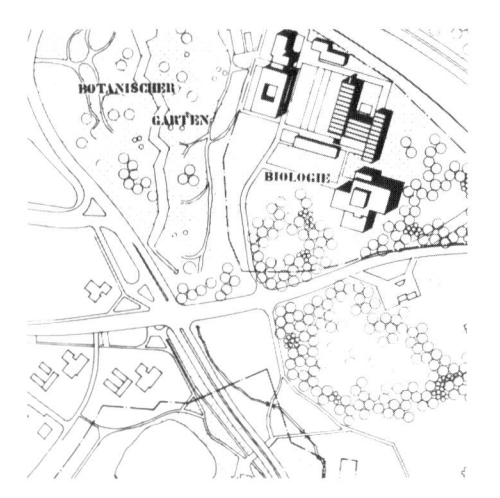

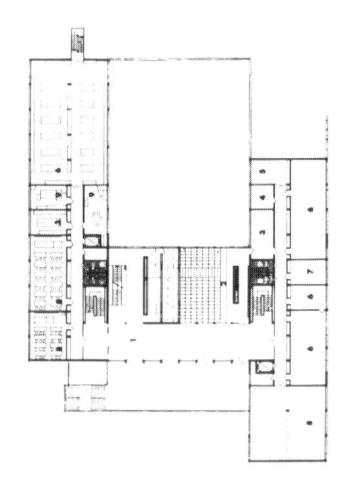

Die Institutsbauten sind Teil der Hochschulerweiterung am Ortsrand Darmstadts. Zusammen mit den Instituten für Botanik und Zoologie liegen sie nahe beim Botanischen Garten. Die Geschoßflächen der Gebäude für Geologie/Geographie und Mineralogie sind durch eine mittlere Stützenstellung geteilt, durch den außermittig liegenden Flur entstehen Räume von unterschiedlicher Tiefe (6,00 m + 3,80 m). Der große Hörsaal zwischen den Hochbauten faßt 200 Personen. Die Institute und der Hörsaal werden durch eine breite Treppe über eine große Terrasse erschlossen, diese bilden im Zusammenhang mit dem Hof einen als Forum geeigneten Freiraum, der von der gut gestalteten Fassade in Sichtbeton bestimmt wird.

Hochschulerweiterung
Lichtwiese
Lichtwiese
Architekten: Staatliches Hochschul-
 bauamt
 Ltg. Peter Süberkrüb
 (bis 1971: Christoph
 Köhler)
Planungsbeginn: 1964

oben: Lageplan
unten links: Architektur, Ansicht
unten rechts: Architektur,
Grundriß Normalgeschoß

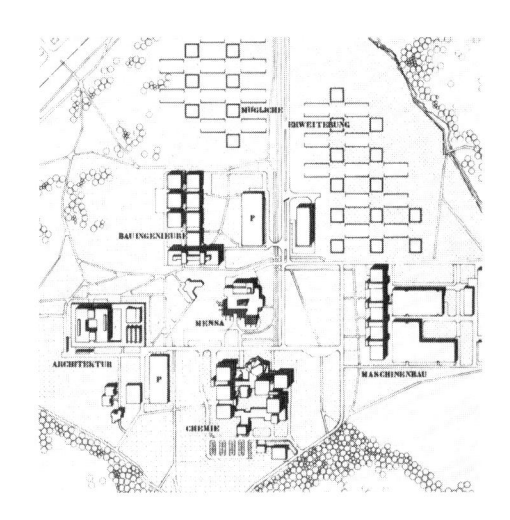

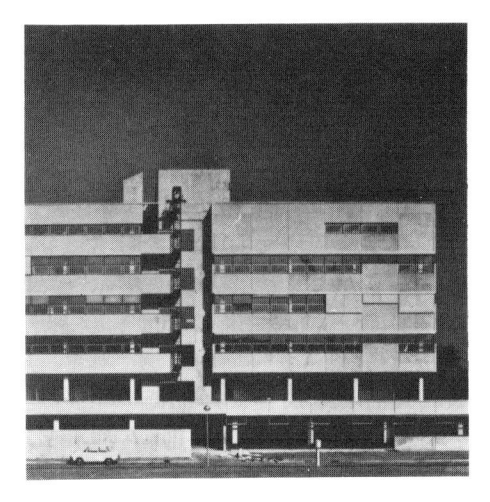

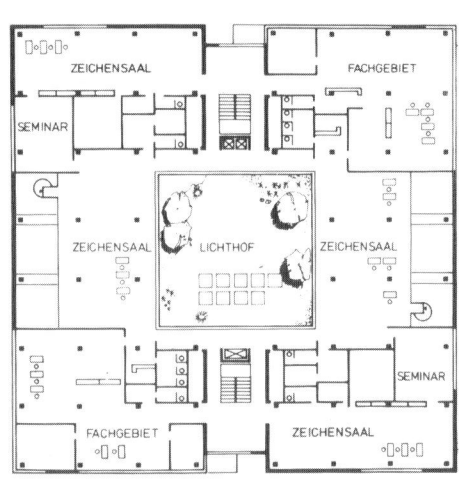

Um der Hochschulentwicklung Rechnung zu tragen, wurde durch Grundstückstausch zwischen dem Land Hessen und der Stadt Darmstadt auf der Lichtwiese ein Erweiterungsgelände ausgewiesen. Zu den Hauptgebäuden der Stadtmitte kommt ab 1963 die „Hochschule auf der grünen Wiese", zu dieser Zeit geht das Gelände in den Besitz der THD über. 1964 entstand der erste Bebauungsvorschlag für den Gesamtausbau. Im Jahre 1969 wurde mit dem Gebäude der Architektur-Fakultät (104) der erste Bau realisiert. Er ist wie alle weiteren Institutsgebäude in Fertigteilbauweise ausgeführt.

1970 wurde das Gebäude für die Bauingenieure mit Hallenbereich (105), 1972 das Gebäude für Maschinenbau und 1974 das Chemiequartier (106) fertiggestellt. Bei allen Bauten soll die Verwendung genormter Rohbau- und Ausbauteile räumliche Veränderungen ermöglichen. Zu dieser neutralen Architektur wurde mit der neuen Mensa

105/106/107

oben links: Bauingenieure, Ansicht
oben rechts: Bauingenieure, Hallenbereich

unten links: Chemie, Ansicht
unten rechts: Mensa, Ansicht

(107) ein Gegenpol geschaffen, der als Versorgungs- und Kommunikationszentrum 1978 den ersten Bauabschnitt abgeschlossen hat. Die zum Fachbereich Maschinenbau gehörigen Laboratorien und Versuchshallen sind unter der Objektnummer 126 aufgeführt.

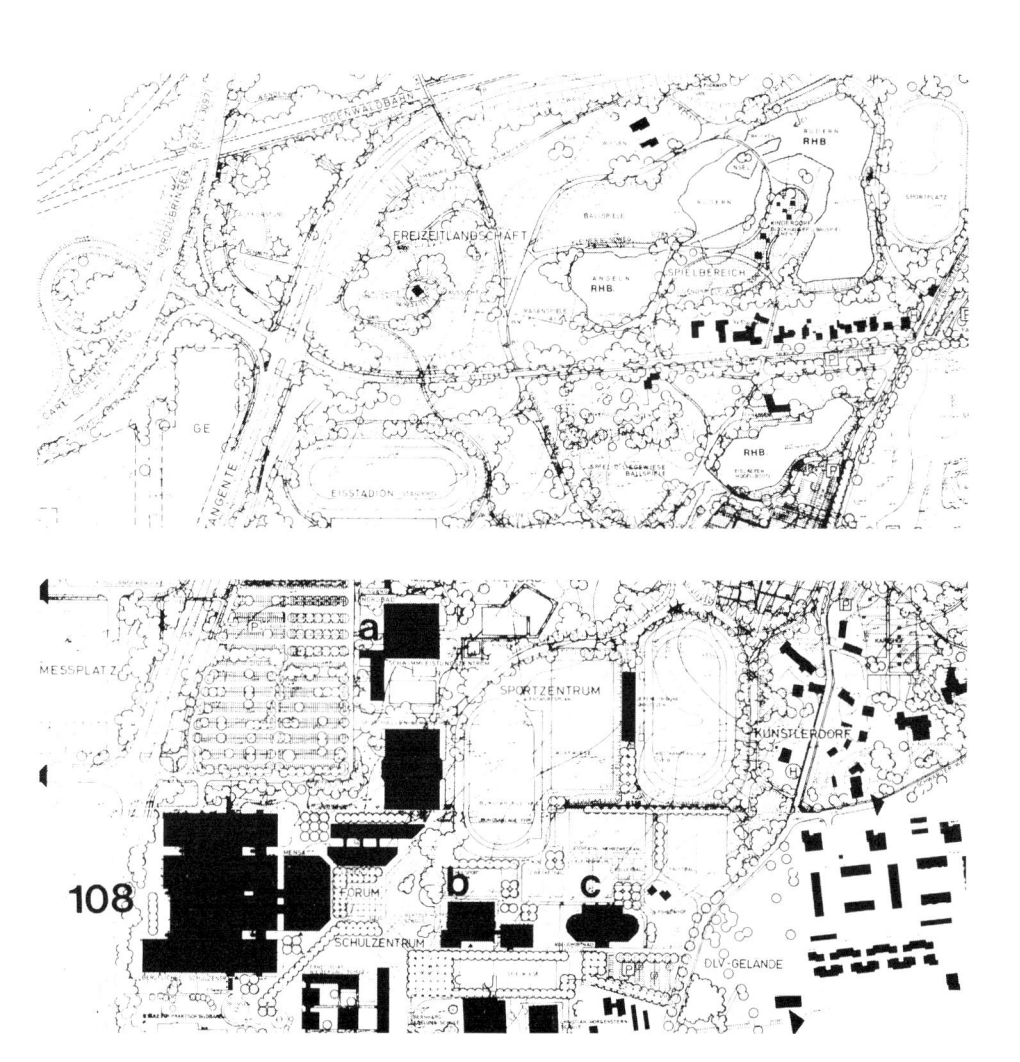

Bürgerpark, Sport- und Freizeitgelände
Planungsbeginn: 1964

Die Fläche im Norden des dichtbesiedelten und sanierungsbedürftigen Martinsviertels war nach dem Kriege als Erweiterungsgebiet für die Technische Hochschule vorgesehen. Aufgrund ungünstiger Baugrundverhältnisse wurde diese Planung nicht realisiert. 1962 entstand ein Planungsgutachten, das einen Sport- und Freizeitpark im nördlichen Teil (Abb. oben) und einen Sportbereich mit schulischer Nutzung im südlichen Teil (Abb. unten) vorsah. Im unteren Plan sind gekennzeichnet: das Berufliche Schulzentrum (108), das Nordbad (a), die Bertolt-Brecht-Schule (b) und die Rollsporthalle (c).

Berufliches Schulzentrum
Bürgerpark, Arheilger Straße
Architekten: Architektenpartner und
　　　　　　Planungskollektiv
Bauzeit: 1974–1976 (1. Bauabschnitt)

oben: Ansicht von Norden
unten links: Pausenpassage
unten rechts: Grundriß Eingangsgeschoß (Gesamtplanung)

Der Entwurf zu diesem Berufsschulzentrum erhielt in einem Architekturwettbewerb den 1. Preis. Konzeptionell baut die Planung auf einer Addition von Abschnitten entlang einer linearen Erschließungsachse auf, die als Kommunikationsraum für die Schule und die Öffentlichkeit dient. Hieraus ergibt sich in einprägsames und überschaubares Orientierungsprinzip. Ein typisches Merkmal der Anlage ist ihre Erweiterbarkeit in der Hauptrichtung und in den Nebenrichtungen. Die großen zusammenhängenden Nutzungsflächen werden weitgehend durch Sheds belichtet.

Sporthalle Böllenfalltor
Nieder-Ramstädter Straße
Architekt: Ernst Samesreuther
Bauzeit: 1964 – 1965

oben: Hauptansicht
unten links: Innenraum
unten rechts: Grundriß und Schnitt

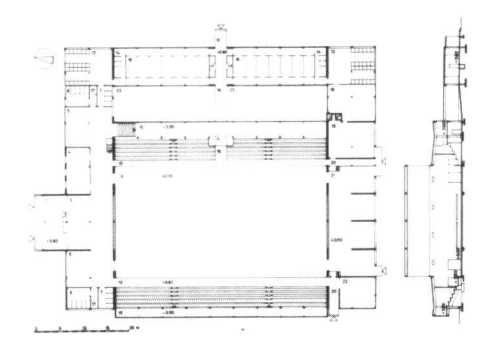

Die Sporthalle ist Bestandteil des großen Sportareals am Böllenfalltor. Die weitgespannte Dachkonstruktion wurde zum Merkzeichen am Zugang zu vielfältigen Sporteinrichtungen. Kernstück der Halle ist die Regelspielfläche für Hallenhandball mit den Maßen 20 x 40 m. Ihr zugeordnet sind Sitztribünen für Zuschauer, Presseraum, Umkleiden mit Nebenräumen und Geräteräume. Das Gebäude wird für Zuschauer und Sportler auf verschiedenen Wegen erschlossen. Die Halle ist mehrfach nutzbar; die Tribünen fassen 1200 Zuschauer, bei Großveranstaltungen können 2800 Besucher untergebracht werden. In Längsrichtung wird der Bau durch eine parabolische Gewölbekonstruktion mit einer Scheitelhöhe von 11,25 m überspannt.

110

Studentenwohnheim
Nieder-Ramstädter Straße 177–191
Architekt: Gerhard Schlegel
Bauzeit: 1964–1969

oben: Ansicht von der Nieder-
Ramstädter Straße
unten: Lageplan mit typischen
Geschoßgrundrissen

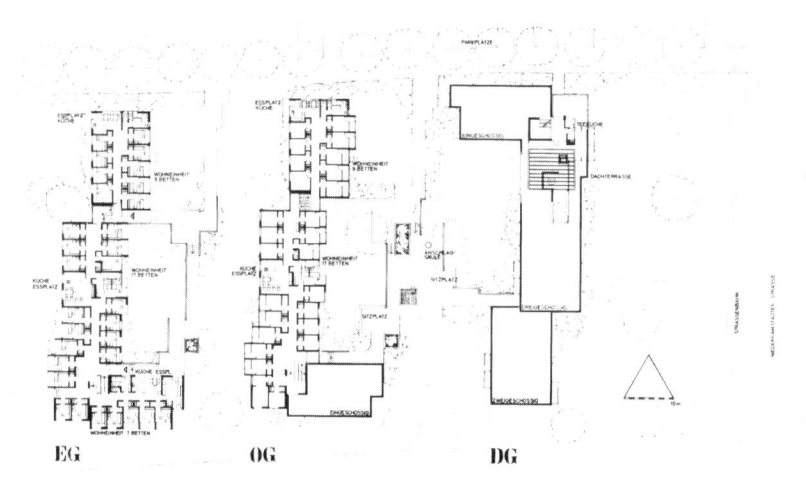

EG   OG   DG

Die vorhandenen Bauten sind ein erster Bauabschnitt für eine auf 700 Betten projektierte Anlage mit Gemeinschaftshaus und Ladenzentrum. Im realisierten Teil der Anlage sind 235 Betten vorhanden. Die Bauten sind zweibündig organisiert, sie haben kurze gegliederte Flure, die sich zu Gemeinschaftszonen mit Teeküchen erweitern. Durch verschieden große Zimmer und deren versetzter Anordnung wurde eine differenzierte Wohnanlage erreicht. Die Einzelzimmer sind 12 qm, die Doppelzimmer 20 qm groß. Jeder Wohn-Schlafraum hat einen kleinen Vorraum mit Waschbecken und Einbauschrank. Die angewandten räumlichen Mittel, die Materialwahl und der Bezug zum Grünraum bilden eine gute Wohnatmosphäre.

Neue Künstlerkolonie Rosenhöhe
Park Rosenhöhe
Architekten: Arbeitsgemeinschaft
  Rolf Prange,
  Rudolf Kramer,
  Bert Seidel,
  Heribert Hausmann,
  Reinhold Kargel
Bauzeit: 1965 – 1967

oben: Atelier- und Wohnhaus
unten links: Lageplan
unten rechts: Grundriß

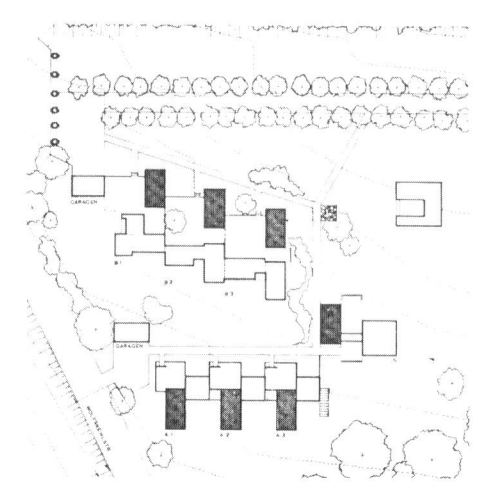

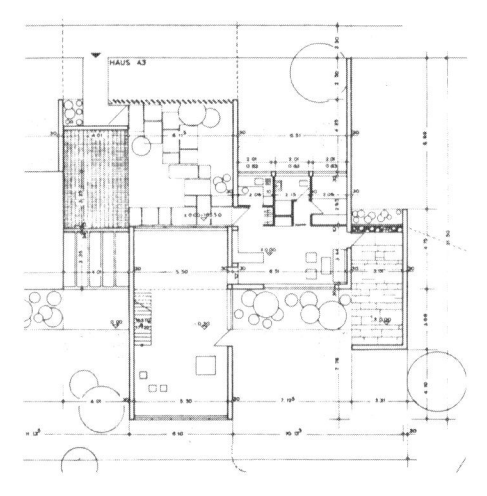

Der Verein „Neue Künstlerkolonie Rosenhöhe" hatte es sich zur Aufgabe gemacht, in Anlehnung an die Idee der Künstlerkolonie Mathildenhöhe zur Jahrhundertwende, Atelierhäuser zu errichten, die Darmstädter Künstlern auf Lebenszeit vermietet werden. Es entstanden 7 gleichartige, mit Galerien versehene Ateliers, denen jeweils verschieden große, flache Wohnteile zugeordnet sind. Die prägnanten Pultdächer der Ateliers bestimmen den optischen Eindruck der Neuen Künstlerkolonie im Park Rosenhöhe.

Stadterweiterung Kranichstein

Der Maysche Entwurf von 1965 (Abb. unten) sah eine Stadterweiterung für 18000 Bewohner in Form eines Waldsatelliten vor. In dieser Zeit allgemeiner Planungs- und Wachstumseuphorie wurde sein Konzept uneingeschränkt anerkannt. Folgende Entwurfsmerkmale waren bestimmend: Die hohe Bebauung als formendes Gerüst für die gesamte Siedlung, die einprägsame Stadtgestalt als Verbindung städtischer Dichte mit der Großzügigkeit einbezogener Landschaftsräume und der „soziale Gedanke", vielen Menschen den Blick in die Weite der Landschaft zu gewähren. Diese Ausgangsüberlegungen sind aus heutiger Sicht in Frage zu stellen.

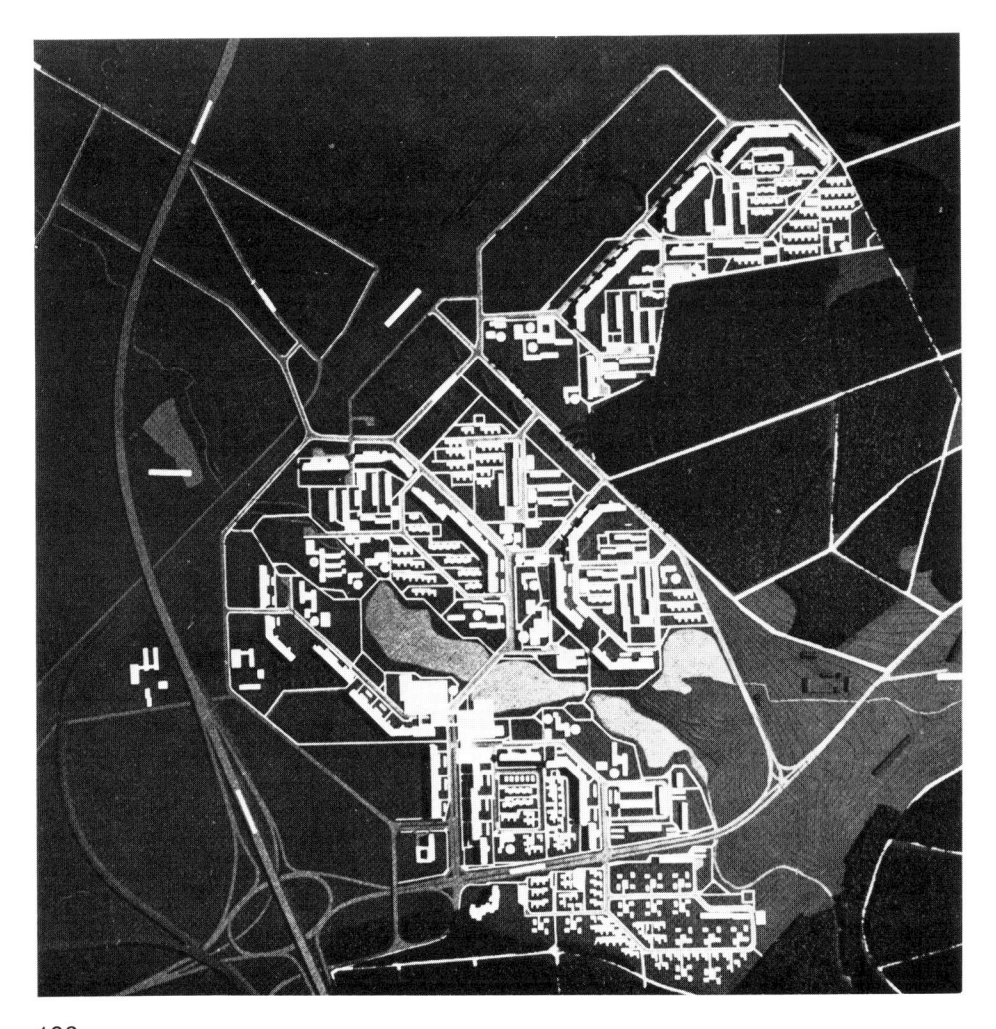

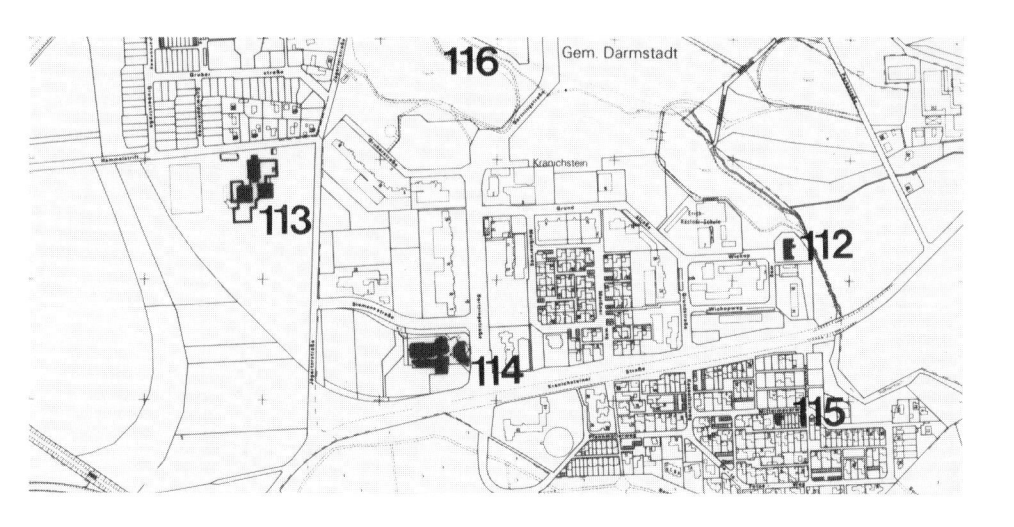

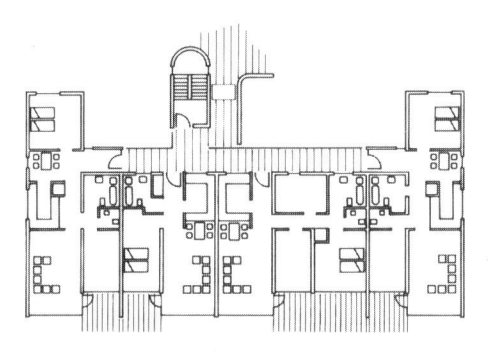

Bebauungsplan Kranichstein
In Abwandlung der Mayschen Planung wurde nur das Teilgebiet südlich der künstlichen Seen realisiert. Die starke Massierung von Wohnungen in sehr hohen Geschoßbauten hat viel Kritik bei den Nutzern hervorgerufen.
oben: Lageplan mit Eintragung der dargestellten Bauten

Mehrfamilienhaus Wickopweg
Architekten: Jürgen Bredow, Winfried Engels, Ante v. Kostelac, Horst E. Halbig
Baujahr: 1975
unten links: Normalgrundriß; unten rechts: Hauptansicht
Dieser Sichtbetonbau mit Eigentumswohnungen ist durch zurückgesetzte Zonen im Erdgeschoß und 3. Obergeschoß sowie durch Loggien und verglaste Erker vielfach gegliedert.

113/114/115

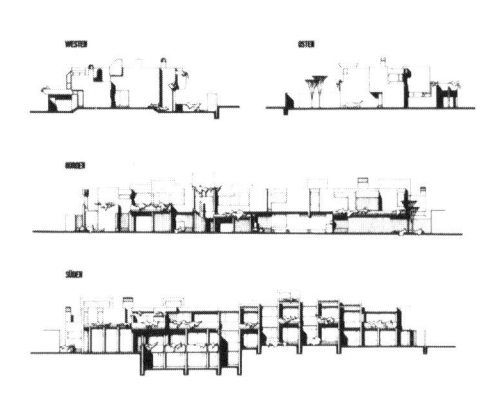

Hauptverwaltung Heag, Jägertorstraße 207
Die Hessische Elektrizitäts-AG erwarb ein bestehendes Hochhaus und erweiterte ihre Hauptverwaltung ab 1976.
Architekten des Hochhauses: Fritz Novotny, Arthur Mähner; Fertigstellung: 1971
Architekten der Erweiterung: Horst E. Halbig, Jens Junghans; Fertigstellung: 1977
oben links: Luftbild

Einkaufszentrum Fasanerie, Bartningstraße,
Architekten: Brune + Partner; Fertigstellung: 1976 (1. Bauabschnitt)
oben rechts: Eingangsseite

Reihenhausgruppe, Mittermayerweg, Architekt: Rolf Poth; Fertigstellung: 1972
unten links: Ansicht; unten rechts: Ansichtszeichnungen

**Ökumenisches
Gemeindezentrum**
Bartningstraße
Architekten: Rolf Romero
Lothar Willius
Baubeginn: 1979

oben: Modellfoto
unten links: Lageplan
unten rechts: Grundriß

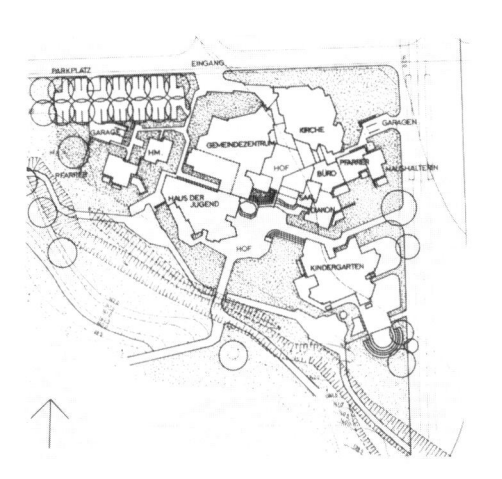

Im unmittelbaren Nebeneinander von Hochhäusern und Landschaftsreservat ist das Gemeindezentrum ein Teil des Landschaftsraumes. Unter einem gemeinsamen Dach entstehen Kirchen für die evangelische und die katholische Gemeinde, mit Pfarrwohnung, Jugendhaus, Altenräumen und einem Kindergarten. Alle Räume gruppieren sich um einen Hof, der sich zum See hin öffnet. Unter Verzicht auf sakrale Überhöhungen wird die Eigenständigkeit in der architektonischen Formensprache durch das gefaltete Dach und den differenzierten Grundriß betont. Entsprechend ihrer konfessionellen Eigenart ist der evangelische Raum eher extrovertiert, der katholische Raum dagegen introvertiert gestaltet.

Reihenhäuser
Im Harras
Architekt: Rolf Poth
Bauzeit: 1965 – 1968

oben: Grundrißausschnitt
unten: Gesamtansicht

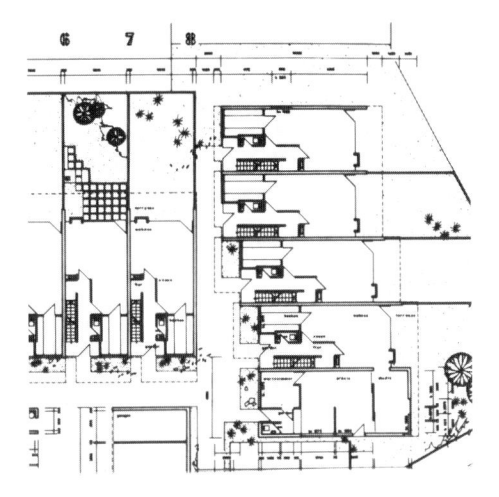

Die Reihenhausgruppe wurde in einem Gebiet monotoner Siedlungsbebauung an der Peripherie Darmstadts errichtet. Die Wohnanlage erreicht bei niedriger Geschoßzahl eine relativ hohe Dichte mit 20 Wohneinheiten auf dem 3000 qm großen Grundstück. Die Sichtbetonbauten prägen in der stark plastischen Durchbildung den individuellen Charakter dieser Gruppe, die sich von der umgebenden Bebauung betont abhebt. Neben relativ niedrigen Baukosten ist die Wohnqualität erwähnenswert. Obwohl die Wohnflächen knapp bemessen sind, entsteht keine räumliche Enge. Weiterhin ist eine begrenzte Variabilität durch versetzbare Innenwände gegeben.

Haus Schelling
Schloßstraße 80
Architekt: Karl Heinz Schelling
Baujahr: 1968

oben: Ansicht
unten links: Grundriß Obergeschoß und Schnitt
unten rechts: Grundriß Erdgeschoß

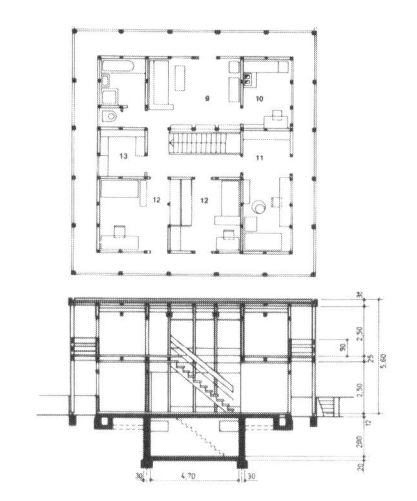

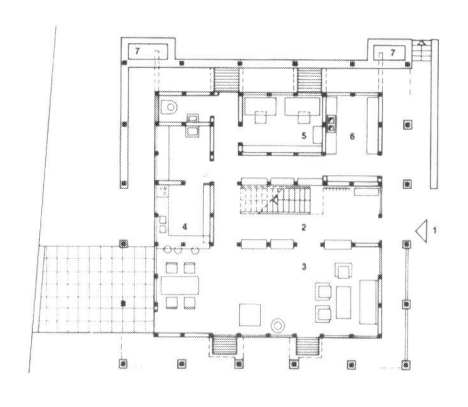

Das Haus ist eine Zimmermannskonstruktion im 1,25-m-Raster, die Außenstützen stehen alle 2,50 m. Die Wahl des Materials und die Konstruktion ergeben eine freizügige Grundriß- und Raumgestaltung bei optimaler Größenordnung und tragbarer finanzieller Belastung. Mit einfachsten Mitteln ist der Bau variabel gehalten. Das Obergeschoß hat einen umlaufenden Balkon, die Individualräume gruppieren sich um einen zweiten Wohnraum. Das offene Erdgeschoß in Verbindung mit der Treppe nach oben läßt das Haus transparent und leicht erscheinen. Die einfache handwerkliche Ausführung des Hauses erzeugt eine wohltuende Wohnatmosphäre.

Staatstheater
Marienplatz
Architekt: Rolf Prange
Bauzeit: 1968 – 1972

oben: Ansicht vom Wilhelminenplatz
unten: Schnitt Großes Haus,
       Schnitt Kleines Haus

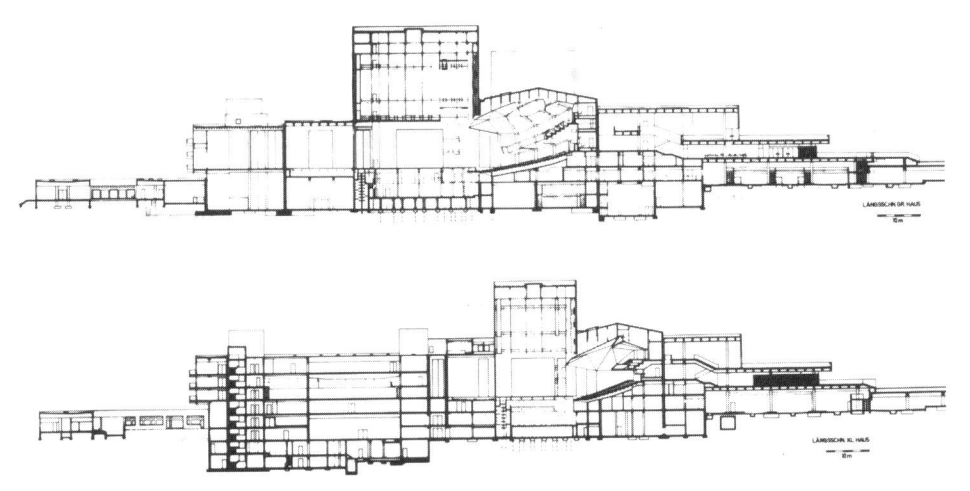

Der Entwurf zum Staatstheater erhielt den 1. Preis in einem bundesweiten Architekturwettbewerb. Im Gebäude sind unter einem gemeinsamen Dach untergebracht: das Große Haus mit 956 Plätzen, das Kleine Haus mit 482 Plätzen, eine Werkstattbühne mit 150 Plätzen sowie sämtliche Werkstätten, Magazine, Aufenthalts- und Verwaltungsräume. Je nach Spielart kann eine Rahmen- oder Guckkastenbühne, eine Arenabühne, eine Raumbühne, eine Simultanbühne ausgebildet werden oder die Vorbühne mit in das Spiel einbezogen werden. Von besonderer Bedeutung für öffentliche Veranstaltungen ist das großzügige Foyer des Hauses.

Wohnhausgruppe
Seitersweg 29
Architekten: Joachim Schürmann
　　　　　　Margot Schürmann
　　　　　　Burkhart Richter
　　　　　　Hans-Georg Waechter
Bauzeit: 1971 – 1972

oben: Ansicht vom Seitersweg
unten links: Gesamtgrundriß
unten rechts: Lageplan

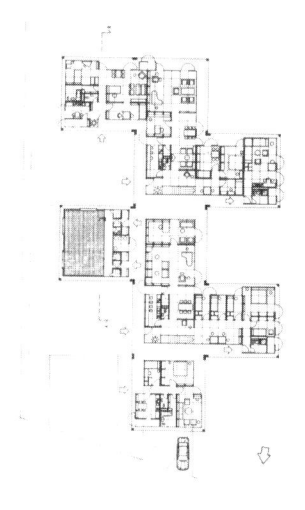

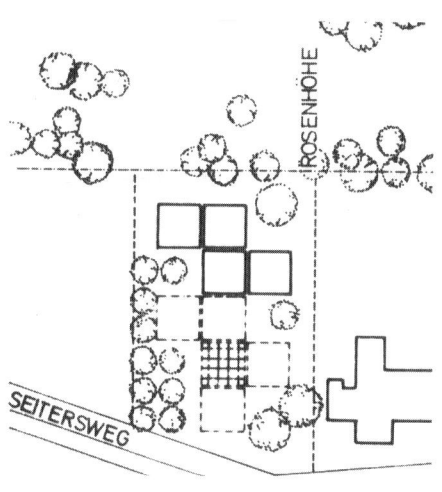

Der fertiggestellte Abschnitt bildet einen ersten Teil der Wohnhausgruppe, deren Entwurfsprinzip es ist, individuelles und ungestörtes Wohnen mit einem Höchstmaß an Veränderbarkeit der Nutzung zu ermöglichen. Das konstruktive System ist von den raumbildenden Teilen getrennt. Die Tragkonstruktion besteht aus einer Stahlbeton-Kassettendecke mit einem dem Grundraster entsprechenden Rippenabstand von 1,20 x 1,20 m. Je 9 dieser Felder ergeben ein Deckenkarree, das auf vier Eckstützen abgetragen wird. Durch die Versetzbarkeit der Innenwände, auch der Fassadenteile, können die Nutzer auf die Grundrißgestaltung Einfluß nehmen.

Wohn- und Geschäftshaus
Schleiermacherstraße 8
Architekt: Ot Hoffmann
Bauzeit: 1972 – 1973

oben: Ansicht Terrassenseite
unten: Geschoßgrundrisse

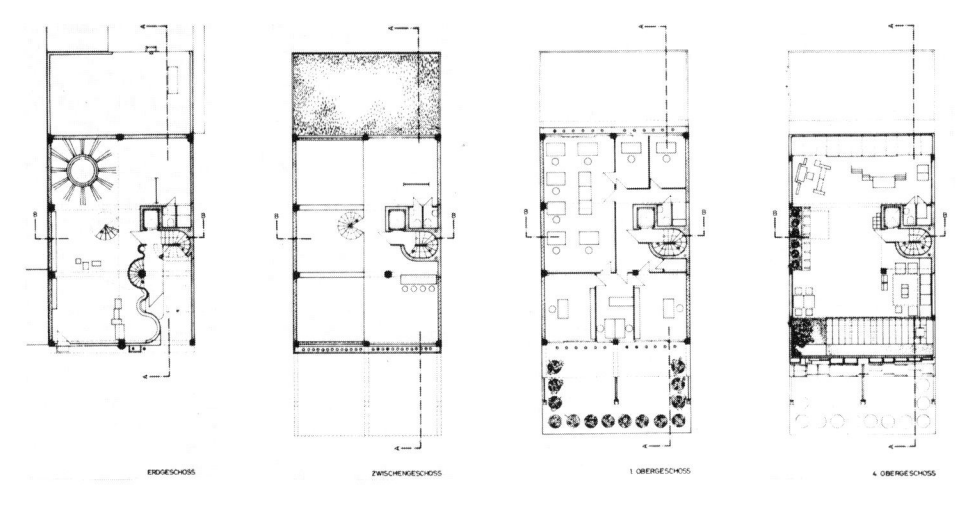

ERDGESCHOSS   ZWISCHENGESCHOSS   1. OBERGESCHOSS   4. OBERGESCHOSS

Das Haus ist als ein Modell für das Wohnen in der Stadt anzusehen. Neben Wohn- und Arbeitsflächen, denen begrünte Terrassen zugeordnet sind, beinhaltet es Geschäftsflächen in Verbindung mit einer Galerie. Außer den dargestellten Grundrißfunktionen enthält das 2. Obergeschoß Büros mit davorliegendem Grünwall, das 5. Obergeschoß ein kleines Hallenbad mit einem Kiefernhain. Das 6. Obergeschoß ist als Dachgarten ausgebildet. Die Wohnung im 4. Obergeschoß ist als neutraler Raum gestaltet, die Wohnfunktionen sind durch schrankähnliche, mobile Zellen bestimmt, die zum Gebrauch aufzuklappen sind. Hierdurch lassen sich „Zimmerabtrennungen" innerhalb des großen Raumes erreichen.

Reihenhausgruppe
Weberweg 1–5
Architekten: Wilfried Borchers
 Holger Raschke
 Herbert v. Wehrden
Fertigstellung: 1973

oben: Straßenansicht
unten links: Lageplan
unten rechts: Grundrisse

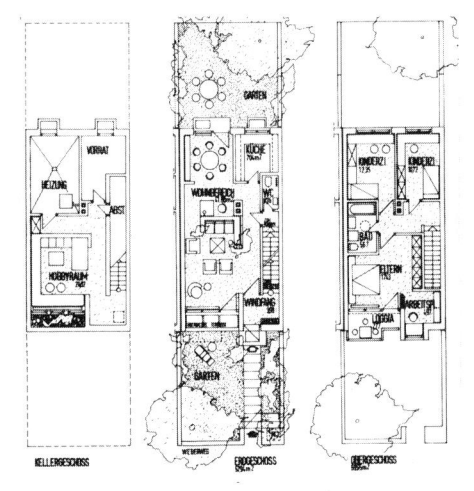

Dieser Bau wurde 1978 von der Architektenkammer und der Hessischen Landesregierung als „vorbildlicher Bau im Lande Hessen" ausgezeichnet. Zitat aus der Beurteilung der Jury: „Auf einem extrem kleinen Grundstück wurden einige Reihenhäuser geplant. Das Besondere dieser Anlage ist in der einerseits bescheidenen, unprätentiösen Lösung und andererseits in dem großzügigen, vielfältigen Grundriß, der der eingeengten Situation abgerungen wurde, zu sehen. Die knapp bemessenen Freiräume fügen sich gut zu den Räumen dieses Grundrisses. Dieses Reihenhaus ist ein Beitrag zum Thema: Innerstädtisches Einfamilienhaus . . ."

123

**Ausstellungsgebäude
Mathildenhöhe**
(Ausbau und Renovierung)
Olbrichweg
Architekten: Hochbau- und
             Maschinenamt
             (Christiane Geelhaar,
             Alfred Gottfried)
             mit Wilhelm Romig
Bauzeit: 1974 – 1976

oben: Isometrie Werkstatt und Magazin
unten links: Schnitt- und Ansichtszeichnung
unten rechts: Eingangsebene Ausstellungsgebäude

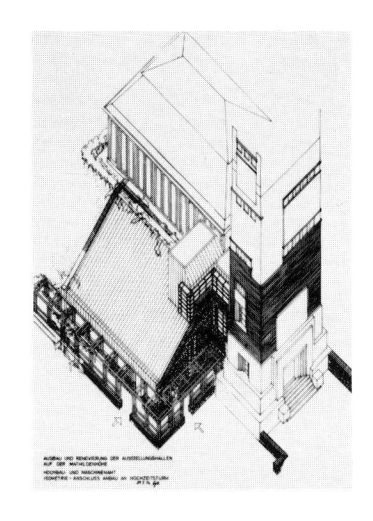

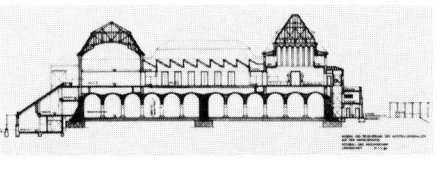

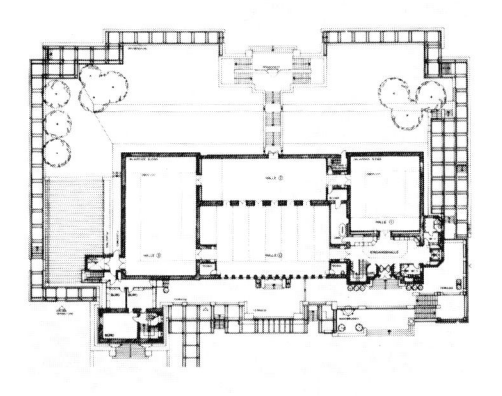

Anläßlich des 75jährigen Jubiläums der Künstlerkolonie wurde das Ausstellungsgebäude renoviert und durch den Einbau neuer Museumstechnik für ganzjährige Wechselausstellungen nutzbar gemacht. Die Eingangshalle wurde in Anlehnung an die ursprüngliche Fassung in eine zweigeschossige Halle mit Galerie umgebaut. Auf der Galerie ist ein öffentliches Café geschaffen worden, von dem aus ein Einblick in den Ausstellungsteil möglich ist. Die für die Wechselausstellungen notwendigen Lagerräume wurden in einem Anbau an der Nordseite untergebracht. Die Qualität der denkmalpflegerischen Überarbeitung liegt in der zurückhaltenden Ausbildung der neuen Maßnahmen.

**Neues Rathaus
Kongreßhalle
Luisencenter**
Luisenplatz
Architekten: Seifert-Planung
Bauzeit: 1975 – 1977

oben: Teilansicht vom Luisenplatz
unten links: Ansicht Wilhelminenstraße
und Schnitt
unten rechts: Nutzungsvarianten
Mehrzweckbereich

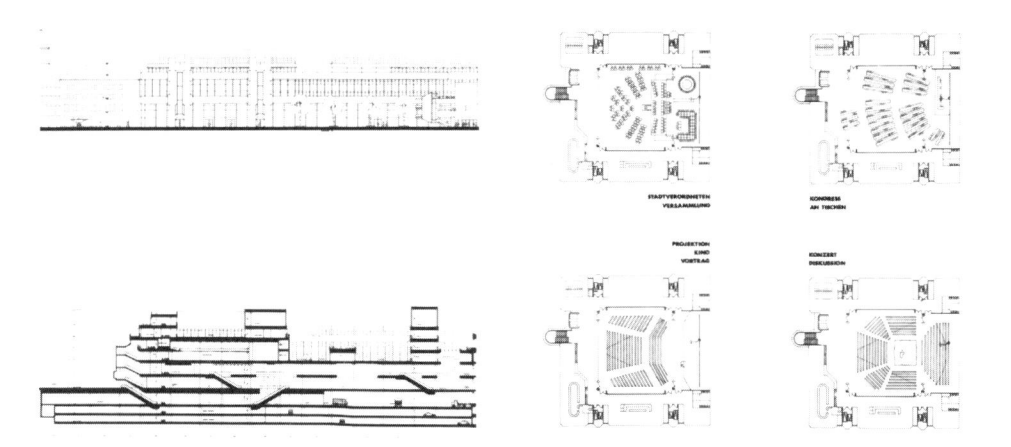

Zur Grundidee des Gebäudes gehören die Wiederherstellung des historischen Stadtraumes am Luisenplatz und die Schaffung einer Fußgängerpassage als Verbindung zwischen Schuchardstraße und Adelungstraße. Der Bau enthält ein Einkaufszentrum mit Gaststätten, öffentliche Einrichtungen als Mehrzweckbereich mit Rats- und Kongreßsaal, Arzt- und Büroräume, angegliedert ist ein Warenhaus. Alle Nutzungszonen sind multifunktional ausgelegt. Die Größe des Bauwerks und die Fassade zeigen die Problematik der Eingliederung in eine gewachsene Struktur, sind aber ebenso wie der erlebnisreiche Innenraum Resultat des umfangreichen Funktionsangebots.

Studentenwohnheim Karlshof
Alfred-Messel-Weg
Architekten: Gerhard Auer
　　　　　　Heinrich Frotscher
　　　　　　Peter Gresser
　　　　　　Wilhelm Würtz
Bauzeit: 1975 – 1978

oben: Ansicht vom Alfred-Messel-Weg
unten links: Geländeschnitt, Systemschnitt
unten rechts: Systemgrundrisse

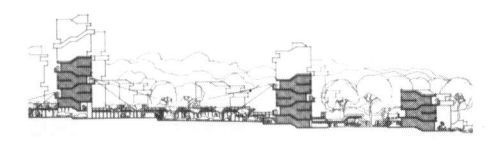

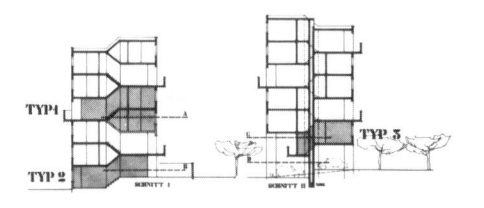

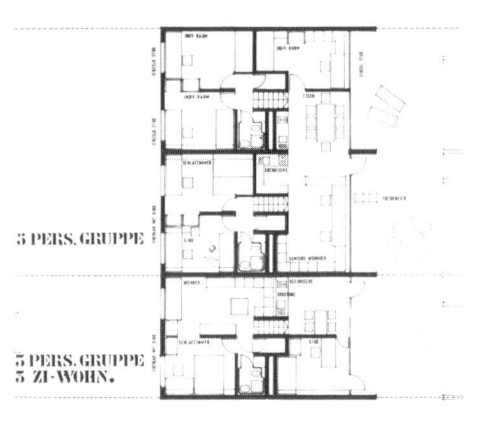

Der Entwurf ist das Ergebnis eines vom Studentenwerk ausgeschriebenen, engeren Wettbewerbs. Ziel der Planung war es, mit neuen Wohnmodellen Monotonie und Isolation des einzelnen zu vermeiden. Der Karlshof ist ein Versuch, studentisches Wohnen in Gruppen zu praktizieren. Jeder Student hat einen ungeteilten Individualraum, der einem gemeinschaftlichen Wohn- und Eßbereich zugeordnet ist. Die Wohnvariabilität reicht von der Einzimmerwohnung bis zur Großgruppe. Die geschoßweise Schaltbarkeit der Wohneinheiten ist als bestimmendes Gestaltungselement aufgenommen und in der Fassade ablesbar.

126

Laboratorien und Versuchshallen der Technischen Hochschule
(Maschinenbau)
Lichtwiese
Architekt: Gerd Fesel
Fertigstellung: 1976

oben: Ansicht Nordflügel
unten: Isometrisches Funktionsschema und Schnitte

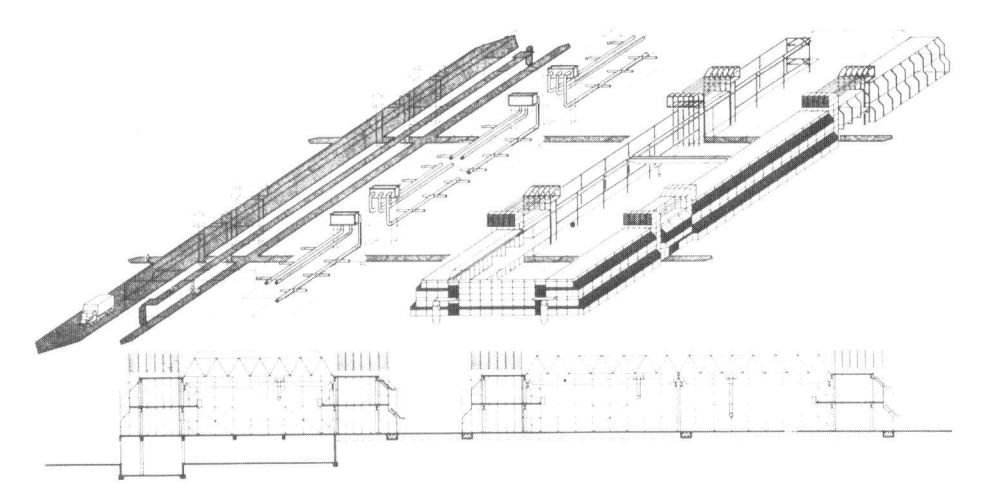

Dieser Bau wurde 1978 von der Architektenkammer und der Hessischen Landesregierung als „vorbildlicher Bau im Lande Hessen" ausgezeichnet. Zitat aus der Beurteilung der Jury: „Dieses Laborgebäude zeichnet sich aus durch die Kongruenz von Funktion, Konstruktion, Material und Form. Die Anlage ist bis ins letzte Detail konstruktiv klar und konsequent durchgebildet. Die technischen Funktionen des Gebäudes werden sichtbar. Der Charakter der Anlage wird durch die sorgfältig und bedacht gewählten Farben unterstrichen und abgerundet."

127

Wohnanlage
Lichtenbergstraße
Architekt: Rolf Poth
Fertigstellung: 1978

oben: Ansicht Hofseite mit Kindergarten
unten links: Ansichtszeichnungen
unten rechts: Grundriß Wohnebene

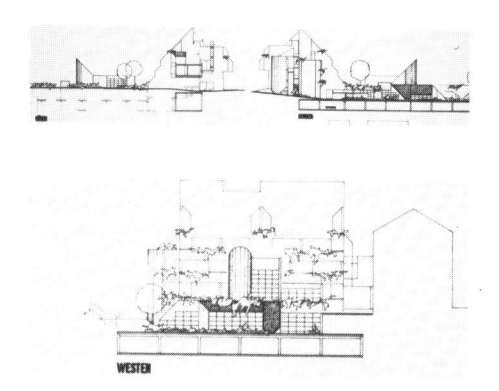

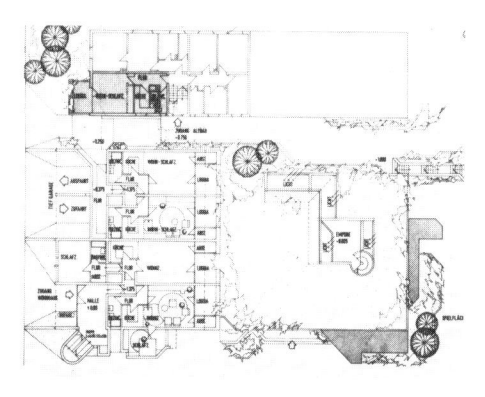

Dieser Bau wurde 1978 von der Architektenkammer und der Hessischen Landesregierung als „vorbildlicher Bau im Lande Hessen" ausgezeichnet. Zitat aus der Beurteilung der Jury: „Diese Wohnanlage ist ein gelungener Versuch, aus dem üblichen Schema des sozialen Wohnungsbaus auszubrechen ... Dem Bau, ... gelingt durch starke Auflockerung der Masse des mehrstöckigen Wohnbaus und dem dazugehörigen Trakt einer niedrigen Lern- und Spielstube ... die Integration in die heterogene Umgebung. Die Lern- und Spielstube ist in ihrer räumlichen Abfolge lebendig und abwechslungsreich gestaltet und auf die Erlebniswelt von Kindern zugeschnitten."

Hessisches Landesmuseum
Erweiterung (Projekt)
Zeughausstraße 1
Architekt: Reinhold Kargel
Baubeginn: 1979

oben: Isometrie
unten links: Grundriß Untergeschoß
unten rechts: Grundriß Erdgeschoß

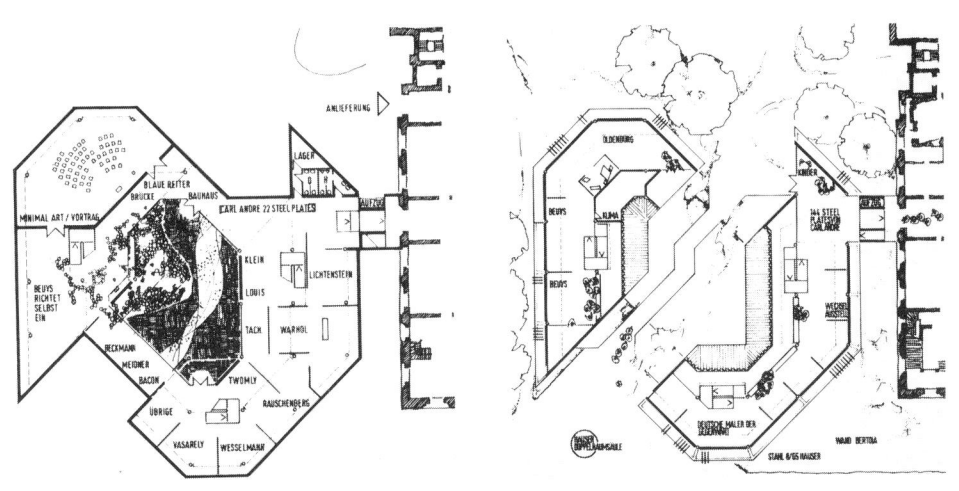

Dem zu Jahrhundertbeginn errichteten Gebäude des Hess. Landesmuseums sollen Ausstellungsräume für die Kunst des 20. Jahrhunderts angegliedert werden. Für die Unterbringung der Leihgaben aus der Ströhersammlung wurde ein Architekturwettbewerb zur Museumserweiterung ausgeschrieben. Der dargestellte Entwurf wurde mit dem 1. Preis ausgezeichnet und soll realisiert werden. Mit diesem Projekt wird angestrebt, einen Einblick in die Bestände, die Aufgaben und Aktivitäten des Museums zu geben, ohne daß das eigentliche Gebäude betreten werden muß. Dieses Ziel soll durch einen öffentlichen Weg, der von der Stadtmitte „durch" das Gebäude zum Herrngarten führt, erreicht werden.

Verzeichnis der Bauten und Projekte

Städtebauliche Planungen

	Seite
Alte Vorstadt	15
Bebauungsplan Eberstadt-Süd	95
Bebauungsplan Hohler Weg	70
Bebauungsplan Johannesviertel	32
Bebauungsplan Mathildenhöhe	44
Bebauungsplan Tintenviertel	64
Bürgerpark, Sport- und Freizeitgelände	101
Hochschulerweiterung Lichtwiese	99, 100
Stadterweiterung Kranichstein	106, 107
Stadtplan von 1901	30
Weißscher Plan	8
Westliche Stadterweiterung von Moller	22

Gärten und Friedhöfe

Bürgerpark, Sport- und Freizeitgelände	101
Garten am Prinz-Georg-Palais	16
Herrngarten	21
Judenfriedhof	20
Moserscher Garten	21
Orangeriegarten	18
Park Rosenhöhe	29
Platanenhain, Mathildenhöhe	46
Prinz-Emil-Garten	21

Bauten für Schule und Bildung

Berufliches Schulzentrum	102
Georg-Büchner-Schule	85
Grundschule, Projekt	80
Kindergarten, Projekt	81
Kinderwelt	78
Ludwig-Georg-Gymnasium	84
Mädchenberufsschule, Projekt	81
Technische Hochschule	
Erweiterung von 1908	38
Fachbereich Architektur	99
Fachbereich Chemie	100
Fachbereich Bauingenieure	100
Hauptgebäude	36
Institutsgebäude von 1895	37
Institut für Geologie, Geographie u. Mineralogie	98
Laboratorien und Versuchshallen Maschinenbau	119
Maschinenhalle von 1904	39
Mensa, Lichtwiese	100
Wasserbauhalle	88
Volksschule, Projekt	80
Volksschule mit Kindergarten, Projekt	81

Bauten für das Gesundheitswesen

Frauenklinik	82
Hallenbad	97
Krankenhaus des Elisabethen-Stifts	76
Sporthalle Böllenfalltor	103
Sporthalle Technische Hochschule	93
Zentralbad	40

Kulturbauten

Altes Hoftheater	25
Ausstellungsgebäude Mathildenhöhe	57, 116
Hessisches Landesmuseum	41
Hessisches Landesmuseum, Erweiterung, Projekt	121
Johanneskirche	32
Justus-Liebig-Haus	78
Kongreßhalle	117
Kunsthalle	89
Loge	27
Ludwigskirche	24
Martinskirche	34
Mausoleum, Rosenhöhe	29
Ökumenisches Gemeindezentrum	109
Pauluskirche	66
Russische Kapelle	46
Staatstheater	112
Stadtkirche	12
Tonhalle, Projekt	81

Industriebauten und Verkehrsbauten

Hauptbahnhof	42
Prüfhalle des Technischen Überwachungsamtes	91
Technische Hochschule	
Laboratorien und Versuchshallen Maschinenbau	119
Maschinenhalle von 1904	39
Wasserbauhalle	88

Verwaltungsbauten

Amtsgericht	30
Bank für Handel und Verkehr	30
Deutsches Rechenzentrum	94
Hauptverwaltung HEAG	108
Industrie- und Handelskammer	92
Kollegienhaus	17
Landes- und Hypothekenbank	67
Neues Kanzleigebäude	26
Neues Rathaus	117
Rathaus	13
Stadthaus im Palaisgarten, Projekt	80
Stadt- und Kreissparkasse	87

Wohnbauten

Achteckiges Haus	20
Arbeiterhäuser am Dornheimer Weg	63
Arbeiterhäuser in der Erbacher Straße	62
Beamtenwohnungen Fa. Merck	43
Dreihäusergruppe	55
Haus Becker/Bornscheuer	61
Haus Behrens	54
Haus Buxbaum	71
Haus Christiansen	51
Haus Deiters	52
Haus Glückert I	48
Haus Glückert II	49
Haus Haardteck	35
Haus Habich	50
Haus Kaiser	61
Haus Keller	51
Haus Koch	69
Haus Mühlberger	60
Haus Olbrich	53
Haus Ostermann	59
Haus Pabst	90
Haus Schelling	111
Haus Stockhausen	60
Institut für Wohnen und Umwelt	35
Ledigenheim	83
Miethaus Bessunger Straße	73
Miethaus Roßdörfer Straße	74
Miethaus Schachtstraße	74
Miethaus Spessartring	72
Mehrfamilienhaus Wickopweg	107
Neue Künstlerkolonie Rosenhöhe	105
Oberhessisches Ausstellungshaus	58
Prinz-Carl-Palais	27
Planerhof und Planstatt	86
Reihenhäuser Im Harras	110
Reihenhausgruppe Mittermayerweg	108
Reihenhausgruppe Weberweg	115
Studentenwohnheim Karlshof	118
Studentenwohnheim Nieder-Ramstädter Straße	104
Terrassenwohnhaus	97
Villa Flotow	28
Villa Oetinger	35
Wohnanlage Lichtenbergstraße	120
Wohnanlage Eberstadt-Süd	96
Wohnanlage mit Jugendzentrum	96
Wohnbauten des Jugendstils	68
Wohnbauten im Johannesviertel	33
Wohnbauten im Rhönringviertel	34
Wohnhaus Freiligrathstraße	75
Wohnhaus Hindenburgstraße	75
Wohnhausgruppe Seitersweg	113
Wohn- und Geschäftshaus Schleiermacherstraße	114
Wohnhochhaus Eberstadt	96

Sonstige Bauten

Einkaufszentrum Fasanerie	108
Ernst-Ludwig-Haus, Ateliergebäude	47
Hochzeitsturm	56
Jagdhof Bessungen	19
Jagdschloß Kranichstein	14
Löwentor, Rosenhöhe	29
Ludwigssäule	23
Luisencenter	117
Orangerie	18
Prinz-Georg-Palais	16
Residenzschloß	10, 11
Stadtmauer	9

VERZEICHNIS DER ARCHITEKTEN

Architektenpartner	102
Auer, Gerhard	118
Bartmann, Heinrich	92
Bartning, Otto	78, 82
Beck, Eugen	35
Behrens, Peter	44, 45, 54
Benois, Nikolai	44, 45, 46, 49
Billing, Hermann	42
Birkenholz, Peter	67
Bläsing, August	75
Bonatz, Karl	42, 67
Bonatz, Paul	42, 79, 81
Borchers, Wilfried	95, 96, 115
Bosselt, Rudolf	45, 48
Bredow, Jürgen	107
Breuhaus, Friedrich A.	69
Brune + Partner	108
Bürck, Paul	45
Buxbaum, August	40, 71, 72
Cancrin, Franz Ludwig	17
Christiansen, Hans	45, 51
De la Fosse, Rémy Louis	10, 11, 16, 18
Dörr, Oskar	98
Dörzbach, Otto	76, 78, 82
Dudok, Willem M.	80
Engels, Winfried	107
Fesel, Gerd	119
Flache, Heinz	95
Frotscher, Heinrich	118
Geelhaar, Christiane	116
Gewin	44
Gottfried, Alfred	116
Gresser, Peter	118
Gruber, Karl	12
Grund, Peter	78, 80
Habich, Ludwig	45, 50
Halbig, Horst E.	96, 107, 108
Hansen, Manfred	95
Hausmann, Heribert	105
Harres	68
Hochbau- und Maschinenamt Stadt Darmstadt	116
Hoetger, Bernhard	29, 46
Hoffmann, Ludwig	43
Hoffmann, Ot	114

Hofmann, Karl	44, 62, 64
Holz, Friedrich	94
Holzmeister, Carl	24
Huber, Patriz	45, 49
Junghans, Jens	108
Kargel, Reinhold	105, 121
Kersten, Martin	15
Kesselhut, Jakob	14
Kleinschmidt	74
Koch, Günter	93, 94
Köhler, Christoph	93, 94, 99, 100
Kostelac, J. Ante v.	107
Kramer, Rudolf	105
Mähner, Arthur	108
Mahr	62, 64
Markwort, Georg	62, 64, 76
Marx, Erwin	37
May, Ernst	106
Meissner, Paul	64, 67
Messel, Alfred	41, 42, 44, 59, 64
Metzendorf, Georg	44, 60, 61, 62
Metzendorf, Heinrich	44, 60, 64
Moller, Georg	22, 23, 24, 25, 26, 27, 28, 29
Müller, Albin	17, 29, 44, 45, 46, 73
Müller, Jakob	10, 20
Neufert, Ernst	83, 86, 88
Novotny, Fritz	108
Olbrich, Joseph Maria	40, 42, 45, 47, 48, 49, 50, 51, 52, 53, 55, 56, 57, 58, 70
Pabst, Theo	89, 90
Pfannmüller, J. W.	10
Pfannmüller, Seyfried	15
Planungskollektiv	102
Poth, Rolf	96, 97, 108, 110, 120
Prange, Rolf	105, 112
Pützer, Friedrich	37, 40, 42, 43, 44, 60, 61, 63, 64, 66
Raschke, Holger	95, 96, 115
Richter, Burkhart	113
Romero, Rolf	48, 109
Romig, Wilhelm	116
Samesreuther, Ernst	87, 103
Schäfer, Ludwig	71
Schäfer, Rudolf	74

Scharoun, Hans	78, 79, 80
Scheidel, Thomas	17
Schelling, Karl-Heinz	98, 111
Schlegel, Gerhard	104
Schürmann, Joachim	113
Schürmann, Margot	113
Schuhknecht, Friedrich	17, 21
Schuster, Franz	81
Schwarz, Rudolf	81
Schweizer, Otto Ernst	81
Schwippert, Hans	85
Seelinger, Christa	92
Seelinger, Fritz	92
Seibert	76
Seidel, Bert	105
Seidel, Emanuel	35
Seifert-Planung	117
Siebert	21
Sommer, Johannes	18, 20
Staatliches Hochschulbauamt Darmstadt	93, 94, 99, 100
Staatsbauamt	91
Stadtplanungsamt Darmstadt	95, 101, 107
Stumpf + Osterrath	63
Süberkrüb, Peter	99, 100
Sutter	44
Taut, Bruno	42
Taut, Max	84
Thiersch, Friedrich v.	42
Troost, Paul	67
Tuch, Hermann	91
Vetterlein, Ernst	64, 67
Waechter, Hans-Georg	113
Wagner, Heinrich	29, 34
Walbe, Heinrich	64
Wallot, Paul	44
Wehrden, Herbert v.	95, 96, 115
Wickop, Georg	38, 39, 64
Wienkoop, Arthur	62, 67
Willius, Lothar	48, 109
Wustmann, Jakob	13, 15
Würtz, Wilhelm	118

Literaturhinweise

Bartning, Otto (Hrsg.); Mensch und Raum, Darmstädter Gespräch 1951, Darmstadt 1952

Frölich, Marie/Sperlich, Hans-Günther; Georg Moller, Baumeister der Romantik, Darmstadt 1959

Haupt, Georg; Die Bau- und Kunstdenkmäler der Stadt Darmstadt, Darmstadt 1954

Koch, Alexander (Hrsg.); Die Ausstellung der Darmstädter Künstlerkolonie, Darmstadt 1901

Schreyl, Karl Heinz; Joseph Maria Olbrich, Die Zeichnungen in der Kunstbibliothek Berlin, Kritischer Katalog, Berlin 1972

Zimmermann, Georg; Das Darmstädter Schloß und seine Baugeschichte, Darmstadt 1978

Bibliographie zur Architektur des 19. Jahrhunderts, Nendeln 1977

Darmstadt in der Zeit des Klassizismus und der Romantik, Ausstellungskatalog, Darmstadt 1978

Ein Dokument Deutscher Kunst, Ausstellungskatalog, Darmstadt 1976

Fotonachweis

Außer eigenen Fotos und historischen Aufnahmen wurden verwendet:

ac (78)	113
Architektenpartner + Planungskollektiv	102
Bauordnungslehre	83, 86, 88
Bauwelt (11/68)	98
Borchers, Raschke, v. Wehrden	96
Das Beispiel	87
db (6/71)	111
DBZ (4+5/67)	93, 94
Dokument Deutscher Kunst (5)	116
Grabmüller	84, 85, 96, 97, 102, 107, 117, 118
Gruber	88, 93, 97, 98, 99, 100, 104, 105, 109
Handels- + Gewerbeverlag	112
Hess. Landes- und Hochschulbibliothek	14, 63
Hochschulbauten in Darmstadt	88, 93, 98, 99, 100
Hoffmann	114
Kleinhans	Titel
Kinold	108
Lander	90
Mensch und Raum	80, 81, 82, 84
Planungsamt Darmstadt	106
Poth	96, 97, 110
Rost	89
Scharabi	74, 75
Schmolz	86
Schriftenreihe AKH (4)	115, 119, 120
Selinger, Luftbildfreigabe RP 1546/77	108
Senfft	83, 87
Sport- + Bäderbau (4/67)	103
Stadtarchiv Darmstadt	25, 30, 41
Techn. Hochschule Darmstadt	36, 37, 39

Zum Stadtplan

Die Bauten und Projekte sind durch Objektziffern gekennzeichnet, die im beigefügten Stadtplan die Standorte aufzeigen. Ergänzt wird der Plan durch zwei Ausschnittkarten: Kranichstein im Norden und Eberstadt im Süden Darmstadts.